기도의 보석

Into His Presence: Praying with the Puritans

팀 체스터 엮음 | 이선숙 옮김

Into His Presence: Praying with the Puritans
by Tim Chester

Copyright ⓒ Tim Chester, 2022
Originally published by The Good Book Company
thegoodbook.com
All rights reserved.

This Korean Edition copyright ⓒ Word of Life Press, Seoul, 2024
Translated and published by permission.
Printed in Korea.

기도의 보석

ⓒ 생명의말씀사 2024

2024년 10월 31일 1판 1쇄 발행

펴낸이 | 김창영
펴낸곳 | 생명의말씀사

등록 | 1962. 1. 10. No.300-1962-1
주소 | 서울시 종로구 경희궁1길 6 (03176)
전화 | 02)738-6555(본사)・02)3159-7979(영업)
팩스 | 02)739-3824(본사)・080-022-8585(영업)

기획편집 | 태현주, 최은용
디자인 | 조현진
인쇄 | 영진문원
제본 | 보경문화사

ISBN 978-89-04-16901-6 (03230)

저작권자의 허락 없이 이 책의 일부 또는 전체를
무단 복제, 전재, 발췌하면 저작권법에 의해 처벌을 받습니다.

기도의 보석

Into His Presence: Praying with the Puritans

추천의 글

청교도들은 머리로뿐 아니라 삶의 고통으로 얼룩진 상처 속에서도 그들의 하나님을 알았고 마음을 다해 그분을 추구했다. 팀 체스터는 우리를 청교도들의 기도 밀실로 인도해 그들의 헌신을 배우게 한다. 이 선별된 기도문 중 일부는 청교도들의 기도문이고 일부는 청교도의 가르침과 사상을 기도로 새롭게 각색한 것들인데, 모두가 영광스러운 삼위일체 하나님을 구하는 영혼의 간절한 호흡이다.

조엘 R. 비키(Joel R. Beeke)
미국 그랜드래피즈 소재 퓨리턴리폼드 신학교 총장

이 기도문들은 팀 체스터가 우리에게 준 큰 선물이다. 우리가 하나님을 영화롭게 하고 그분을 영원히 즐거워하도록 도와주고, 바울이 말한 것처럼 모든 성도와 함께 그리스도의 사랑을 경험하게 도와준다. 삶의 어떤 상황에서든 하나님과의 교감을 경험하도록 도와주는 책이다. 팀 체스터가 우리에게 보물 상자를 주었다.

싱클레어 B. 퍼거슨(Sinclair B. Ferguson)
미국 잭슨 소재 리폼드 신학교 조직신학 교수

이 최고의 기도들은 하나님(아버지와 아들과 성령)을 향한 풍성하고 깊은 헌신을 보여주고 가르쳐 준다. 성경의 진리를 흠뻑 담고 있는 이 기도들은 믿음의 삶에 대해 놀랍도록 실제적이다. 믿지 않는 자녀를 위한 기도에서부터 죽어 가는 그리스도인을 위한 기도까지, 눈을 떼지 못할 정도로 논리적인 존 오웬(John Owen)의 스타일에서부터 열정 넘치는 따스한 새뮤얼 러더퍼드(Samuel Rutherford)의 스타일까지, 이 옛 신자들은 우리의 기도 생활을 깊게 해준다. 팀 체스터가 이 기도문들을 아름답고 명확하게 편집하고 각색하는 큰 일을 해주었다.

크리스토퍼 애시(Christopher Ash)
영국 케임브리지 소재 틴들 하우스 전속 작가

이 아름다운 책을 위해 애써 준 팀 체스터에게 대단히 감사하다. 성경적으로나 교리적으로 풍성한 의미를 담고 있는 청교도들의 언어를 오늘 나를 위한 기도로 바꾸어 주었을 뿐 아니라 이 놀라운 보물들이 원래 어떤 형태였는지도 알려 준다. 시선을 사로잡는 이미지와 위로가 되는 진실이 가득한 이 기도문들은 우리가 영적으로 새로워질 필요가 있을 때, 목회에서 어려움을 겪을 때, 은혜롭고 전능하신 하나님을 순전히 경외하고 싶을 때 언제든 와서 도움을 얻을 수 있는 귀한 자원이다.

리 게이티스(Lee Gatiss)
존 오웬 전집 시리즈 편집자

사도 바울은 "우리는 마땅히 기도할 바를 알지 못하나"라고 했다. 모든 그리스도인이 때때로 기도는 해야겠는데 어떻게 기도해야 할지 모르는 자신을 발견하곤 한다. 과거의 형제자매들의 글에서 발췌한 이 기도문들은 우리가 어떻게 기도해야 할지 모를 때 훌륭한 안내자가 된다.

에릭 슈마허(Eric Schumacher)
목사, 저자이자 작사자

아서 베넷(Arthur Bennett)의 『환상의 골짜기』(The Valley of Vision)를 읽고 나서, 누가 청교도들의 글을 발굴해 주면 좋겠다고 생각했었다. 그들의 기도는 성경에 깊이 젖어 있고 그리스도를 높이고 하나님께 영광을 돌리는 진심 어린 기도다. 이제 기다림이 끝났다. 팀 체스터(Tim Chester)가 한 권의 책을 썼는데, 개별 기도와 공적 모임과 개인적인 묵상에 매우 유용하다. 그가 신중하게 선별하고, 사려 깊게 틀을 짜고, 아름답게 편집한 기도문들이 다가올 여러 세대를 위해 교회에서 쓰임 받기를 기대한다.

밥 코플린(Bob Kauflin)
소버린 그레이스 뮤직 감독

목차

추천의 글 4
엮은이 서문 10

아버지를 찬양하는 기도 17

아들을 향한 경탄의 기도 33

성령을 의지하는 기도 51

감사의 기도 67

고백의 기도 81

봉헌의 기도 97

시험당할 때 드리는 기도 113

궁핍할 때 드리는 기도 129

근심할 때 드리는 기도	145
아플 때 드리는 기도	161
교회를 위한 기도	175
성찬을 위한 기도	189
하나님 말씀을 위한 기도	203
잃어버린 자를 위한 기도	219
아침과 저녁에 드리는 기도	235
매일 드리는 기도	249

기도자 전기	266
기도문 출처	282

엮은이 서문

하나님을 자주 찾지 않으면 영혼의 생명력을 잃게 된다.
하나님을 구하지 않으면서 살아 있는 은혜를 구하는 것은
씨도 뿌리지 않고서 수확을 기대하는 것과 같다.
토머스 맨턴(Thomas Manton)[1]

청교도들은 기도의 사람들이었다. 많은 청교도 목회자가 아침 일찍 일어나 기도했다. 조셉 얼라인(Joseph Alleine) 같은 사람은 새벽 4시부터 8시까지 개인 경건의 시간을 가졌는데, 그는 자신이 기도하기 전에 대장장이가 먼저 일을 시작하는 것을 부끄럽게 여겼다. 아이작 앰브로즈(Isaac Ambrose)는 매년 한 달씩 숲으로 들어가 혼자 기도하고 명상하는 시간을 가졌다. 청교도 가정은 매일 아침저녁으로 성경을 읽고 함께 기도하도록 독려받았고, 목회자들은 어떻게 기도해야 할지 모르는 사람들을 위해 기도문을 제공했다.

하지만 청교도들은 기도 자체에 집착한 것이 아니라 하나님께 집중했다. 기도는 단지 수단이었다. 그들의 목표는 하나님 자신이었다. 그들의 영성의 특징은 하나님의 크심을 바라보는 것이었다. 그들은 하나님의 거룩함과 인간의 죄악 사이에 엄청난 간극이 있

---

[1] 다음 출전에 있는 내용을 각색했다. Thomas Manton, *A Practical Exposition of the Lord's Prayer* in *Works*, Vol. 1 (James Nisbet, 1870), 14.

다는 것을 철저히 인식했다. 하나님이 그리스도 안에서 우리에게 베푸신 은혜가 없었더라면 우리는 이 간극에 빠질 수밖에 없었을 것이다. 그들의 기도에서 우리가 반복해서 보게 되는 것은 우리 죄에 대한 깊은 인식과 지극히 큰 그리스도의 사랑에 대한 감사다.

그들이 하나님의 크심을 강조했다고 해서 하나님을 멀리 계신 분으로 인식했다는 의미는 아니다. 오히려 정반대다. 하나님은 그들의 삶 전체에 스며들어 계셨다. 청교도들은 하나님의 섭리를 깊이 이해하고 있었다. 그들이 누리는 모든 편안함은 하나님의 손에서 나온 것이기에 감사로 받아야 했다. 고난마저도 그분의 신묘막측한 계획의 일부였다. 일상의 기도에서부터 노동과 가정생활에 이르기까지 모든 삶은 하나님의 도우심으로 가능하기에 하나님 앞에서 살아야 했다.

나는 수수께끼 십자말풀이 하기를 좋아한다. 아침 먹으면서 시작해서 오전 차 마시는 시간까지는 끝내는 것이 목표다. 아래 단서를 보고 한번 맞춰 보라.

딱딱하고 엄격한 소녀가 농담을 즐긴다
(Strait-laced girl enters into the joke).

답은 청교도(puritan)다. 이 단서에서 '소녀가 농담을 즐긴다.'라는 부분이 수수께끼에 해당한다(pu[rita]n). 수수께끼 부분은 그렇다 치고, 이 단서에서 의미가 명확한 부분은 '딱딱하고 엄격한'(strait-laced)이라는 표현이다. 이 표현은 청교도주의를 비난하는 의미로 종종 사용되던 표현 중 하나다. 그것이 함축하는 바는 청교도들은 재미를 반대한다는 것이다.

청교도들이 그들의 신앙에 진지했던 것은 사실이다. 하지만 이 책에 나오는 기도문들이 보여주듯이, 그들은 삶을 즐기기도 했다. 그들은 하나님이 음식과 재미와 우정을 주신 것에 감사했다. 더 나아가 그들은 하나님을 즐기기까지 했다. 그들은 하나님이라는 즐거움을 추구했다.

청교도주의는 영국 국교회 내에서 일어난 개혁의 움직임으로, 엘리자베스 1세(Elizabeth I)가 다스리던 16세기 후반에 영국에서 시작되었다. 그들이 간절히 바란 것은, 오직 믿음으로 칭의를 얻는다는 복음을 교회가 굳건히 붙드는 것이었다. 이 운동의 초기 지도자 중 많은 이가 1550년대 메리 1세(Mary I)의 박해를 피해 유럽으로 망명했었다. 여기서 그들은 개혁 전통의 영향을 강하게 받았다. 영적 갱신을 향한 그들의 소망은 엘리자베스를 이어 왕이 된 제임스 1세(James I)가 급진적인 개혁에 전혀 관심을 보이지 않는 바람에 좌절되고 말았다. 청교도 순례자들, 곧 필그림 파더스(Pilgrim Fathers)가 안전을 위해 북아메리카로 범선을 타고 떠났던 때가 바로 이때였다. 이후 찰스 1세(Charles I)의 통치하에서 청교도들은 종종 박해를 받았다.

올리버 크롬웰(Oliver Cromwell)이 공화제를 수립하면서 청교도들은 국정에 목소리를 내게 되었다. 하지만 그것은 오래가지 못했다. 군주제가 1660년에 복원되었고, 1662년 수백 명의 청교도가 비국교도 대추방으로 영국 국교회에서 강제로 퇴출되었다. 많은 이가 지하로 숨어 들어가 비밀 집회(conventicle)를 갖거나 자신들의 집에서 모였다. 하지만 17세기 말이 되자 이 운동은 사람들의 삶에서 더 이상 뚜렷한 힘을 갖지 못하게 되었다.

그러나 청교도주의 영성은 그 기록물들 속에 살아 있다. 여전히 신학적 명확성과 목회적 위로를 제공하는 풍부한 보물들을 여기서 발견하게 된다. 내가 이 책에서 캐낸 것이 바로 이 보물들이다. 이 책에 나오는 기도문 중 절반가량은 내가 편집한 청교도 기도들이다. 나머지 절반은 청교도 설교나 청교도 책에 서술된 내용을 기도문으로 창작해 낸 것이다. 두 경우 모두 원작자의 감정을 최대한 살리려고 애쓰면서 동시에 현대 언어로 바꾸는 작업을 했다. 선별 작업이 쉽지 않았다. 새뮤얼 볼턴(Samuel Bolton), 존 번연(John Bunyan), 제러마이어 버로스(Jeremiah Burroughs), 이지키얼 홉킨스(Ezekiel Hopkins)는 후보 목록에는 포함되었으나 최종 후보에 오르지는 못했다.

바라기는 여러분이 이 책을 통해 청교도 영성을 맛보고 그들의 작품을 더 탐구해 보기를 바란다. 하지만 그것이 내 주된 목적은 아니다. 내 주된 목적은 기도가 되는 기도문을 제공하는 것이다. 이 기도들은 역사적 호기심이 아니라 우리의 영적인 삶을 풍성하게 할 수 있는 믿음의 강력한 표현들이다. 그래서 언제, 어떻게 사용할 수 있는지 제목을 달아서 기도문을 분류했다. 이 기도문들은 활용할 수 있도록 설계되었다. 하루에 한 편씩 읽을 수도 있지만 필요할 때마다 찾아서 읽어도 좋다. 개인 용도로 사용할 수도 있고 공예배에서 사용할 수도 있다.

청교도 이지키얼 홉킨스는 하나님을 위대한 소유주라고 표현한다. 영적이거나 일시적인 축복들, 더 큰 믿음이나 사랑이나 인내나 겸손과 같은 우리가 바랄 수 있는 모든 것이 하나님의 거대한 백화점 진열장 혹은 그분의 온라인 아울렛 카탈로그 안에 다 있다. 홉킨스는 기도는 우리에게 필요한 축복이나 자비를 얻도록 하나님이 지정하신 수단이라고 말한다. 또 그는 다른 비유를 들어 이렇게 표현한다.

> 우리의 기도와 하나님의 자비는 우물에 있는 두 개의 양동이와 같다. 하나가 올라가면 하나는 내려온다. 우리의 기도가 하늘에 계신 하나님께 올라갈 때, 그분의 자비와 축복은 우리에게 내려온다.[2]

하나님께 기도를 올려 드리고 그분의 축복의 양동이가 내려오기를 기다리기 전에 우리의 양동이를 가득 채울 80편의 기도문이 여기 있다.

---

2 다음 출전에 있는 내용을 각색했다. Ezekiel Hopkins, *Works*, Vol. 3, ed. Charles W. Quick (Leighton Publication, 1874), 584.

아버지를 찬양하는 기도

1. 친절하고 다정하시다

사랑이 많으신 아버지시여,
   당신은 사랑이심을 보게 하소서.
근심하며 의심하는 마음 없이
   당신의 선한 뜻과 친절함을 의심하지 않고
     당신의 마음 안에서
       모든 선의 원천을 보게 하소서.
당신을 인상 쓰는 아버지로 보지 않고
   가장 친절하고 다정한 아버지로 보게 하소서.

당신의 사랑은
   다른 사람에게서 사랑을 찾을 필요가 없게 합니다.
     당신과 당신의 영광스러운 완전성에 무한히 만족하게 하여
   모든 것을 충족시키는 사랑이기 때문입니다.
당신은 하늘 보좌에서 영원히 당신의 아들을 기뻐하며
   영원히 만족하며 쉬실 수 있었지만,
     당신의 만족만을 구하지 않으시고 우리의 유익을 위해
       당신의 성도들을 사랑하기로 선택하셨습니다.
이것이 친절함과 너그러움이 넘쳐 나는
   아버지의 사랑, 당신의 사랑입니다.

당신의 사랑은
　　세상이 창조되기 전,
　　우리가 아주 작은 선도 행하기 전에
　　우리에게 고정되어 있던 영원한 사랑입니다.
이 생각만으로도 우리 안에 있는 모든 것이 기뻐 뜁니다.
겸허하고 거룩한 경외심으로 우리 영혼을 부복하고
　　떨며 당신 앞에서 기뻐합니다.
우리를 향한 아버지의 마음이 그러함을
　　우리가 믿을 수 있게 해주시길 기도합니다.
생각으로 알게 하시고
　　의지로 받아들이게 하시고
　　　　우리 사랑이 그것으로 가득 차게 하소서.
우리가 이 사랑의 끈에 묶이게 하소서.
아버지, 당신에게 가득한
　　우리를 향한 사랑과
　　　　부드러움과 친절을
　　　　　　우리가 알 때
　　　　　　　　당신은 가장 기뻐하십니다.

우리 육신의 생각은 당신에 대해 굳은 생각을 하기 쉽습니다.
당신에 대해 좋게 생각하는 것을 두려워합니다.
　　당신을 선하시고 은혜로우시고
　　온유하시고 사랑이 많으신 분으로
　　바라보는 데는 담대함이 필요합니다.

기도하오니,
　　예수님의 보혈에서
　　　　죄인들을 향해 흘러나오는
　　　　　　풍성한 은혜의 영원한 원천이신 당신께
　　　　　우리 마음이 가까이 있는 것이
　　　　　　당신이 가장 기뻐하시는 일임을
　　　　　　　확신하게 하소서.
이 원천에 잠시 앉아 있을 때
　　그 물의 달콤함을 맛보게 하소서.
전에는 두려워서 당신을 피해 달아났던 우리가
　　이제는 잠시라도 당신과 떨어져서 살 수 없게 하소서.

존 오웬(John Owen)

2. 당신은 우리 하나님이십니다

오 하나님, 당신은 우리 하나님이십니다.
　우리의 강한 산성, 우리 생수의 원천,
　　우리 아버지, 자비의 아버지,
　　　하늘에 계신 영존하시는 아버지이십니다.

오 하나님, 당신은 우리 하나님이십니다.
　우리 안에 심긴 당신의 은혜로,
　당신의 영의 약속으로 그리합니다.
당신의 영이 우리 마음에 거룩의 도장을 찍게 하소서.
　　　우리 영혼을 수놓고 반짝이게 하여
　　　그 영혼을 영광스럽게 만드소서.
당신의 영이 그 미덕으로 우리 마음을 당신께로 이끌게 하소서.
　우리의 기쁨의 천국이자 가장 귀한 보물인 당신께로!
우리 마음이 당신께 묶이게 하셔서
　어떤 것도 우리를 꾀거나 당신에게서 끌어낼 수 없게 하소서.
우리 육체는 땅에 있을지라도
　우리 마음은 하늘에 있게 하소서.
당신이 우리 영혼에게 "너희는 내 것이다." 말씀하실 때
　우리 영혼이 "주님, 우리는 당신 것입니다." 화답하게 하소서.

　　　　내가 가진 모든 것으로 당신을 섬깁니다.
　　　　머리로는 당신을 연구하고
　　　　혀로는 당신을 찬양하겠습니다.

오 하나님, 당신은 우리 하나님이십니다.
　　그래서 악의 일격이 느껴져도 아프지 않습니다.
　　우리를 궁극적으로 해칠 수 있는 것은 없기 때문입니다.
우리 이름을 잃는다 해도, 생명책에 기록되어 있습니다.
자유를 잃는다 해도, 양심은 자유롭습니다.
소유를 잃는다 해도, 엄청난 대가를 치른 진주가 있습니다.
폭풍을 만난다 해도, 항구에 정박할 곳을 알고 있습니다.
밖은 폭풍이 몰아쳐도 당신은 안에서 음악을 만드실 수 있습니다.
우리 영혼은 요새 안에 있는 것처럼 안전합니다.
　　우리는 약속 안에
　　　　그리스도의 상처 안에
　　　　　　당신의 영원한 칙령 안에 안전하게 숨겨져 있습니다.

오 하나님, 당신은 우리 하나님이시고
당신 안에 있는 모든 것이 우리 것입니다.
당신이 우리에게 말씀하십니다.
　　　　"내게 있는 모든 것이 너희 것이다.
　　　　내 지혜가 너희 지혜가 되어 너희를 가르칠 것이고
　　　　내 힘이 너희 힘이 되어 너희를 지탱할 것이고
　　　　내 자비가 너희 자비가 되어 너희를 구원할 것이다."

모든 것을 잃어도
　　당신은 잃을 수 없습니다.
영원 전 선택된 순간부터 영광을 얻는 영원까지
　　당신은 우리 하나님이십니다.

토머스 왓슨(Thomas Watson)

3. 활의 한 줄

주 하나님, 당신이 그리고 당신만이
우리 신뢰의 유일한 대상이셔야 합니다.
    우리 믿음의 활에 오직 하나의 줄,
    바로 우리 주님이신 당신만 있게 하소서.
    당신 아닌 다른 곳에서 쉬지 않게 하소서.

우리 머리를 의지한 것을 용서하소서.
    우리 이해는 의지하기에 안전하지 않습니다.
우리 마음을 의지한 것을 용서하소서.
    우리 마음은 거짓되고 악하기 때문입니다.
우리 신체의 힘을 의지한 것을 용서하소서.
    우리 손은 곧 축 처지고 힘이 없어질 것이기 때문입니다.

어떤 탁월한 것들을 의지한 것을 용서하소서.
    우리의 최고 중의 최고도 다 헛되기 때문입니다.
부(富)를 의지한 것을 용서하소서.
    부는 새처럼 날아가 버리는,
    그럴싸하게 보이는 무용지물이기 때문입니다.

인간적 동맹을 의지한 것을 용서하소서.
그것은 막대기가 아닌
상한 갈대이기 때문입니다.

하지만 우리가 안전하게 기댈 수 있는
신뢰의 팔이 있습니다.
바로 당신의 전능하신 팔과 능력입니다.
당신의 무한한 선하심과 자비와 풍성하심입니다.

토머스 라이(Thomas Lye)

4. 하나님의 속성에 의지합니다

주 하나님, 얼마나 감사한지요.
　　당신 자신을 우리에게 주셨고
　　당신의 모든 영광스러운 속성에 관심을 갖게 해주셨습니다.
　　당신 안에 있는 것은 무엇이든
　　나의 것이고 나를 위한 것입니다.
오, 당신의 모든 속성이 나의 것임을 확신하라고
　　격려하시는군요.
　　내 접시에 든 음식과 내 컵에 든 음료처럼
　　그것들은 나의 것입니다.
내 믿음의 손이 이 두 개의 손잡이,
　　곧 당신이 하실 것이고 하실 수 있다는 것을
　　굳게 붙들게 하소서.
나를 걸려 넘어지게 할 수 있는 것은 없습니다.
당신의 신적 속성이 나를 돕기 때문입니다.

　　역경과 위험에 휩싸일 때
　　　　당신의 전능하심을 의지합니다.
　　힘에 버거운 어려운 일을 맡았거나
　　　　거부할 수 없는 강한 욕망에 사로잡힐 때

저항하기 힘든 난폭한 유혹이 찾아오거나
　수행해야 할 막중한 임무가 있을 때
　　믿음으로 당신의 전능하심을 의지하게 하소서.

무엇을 해야 할지 모를 때
　내 지혜가 바닥났을 때
　　당신의 전능하심에 의지합니다.
　　　당신은 의로운 자를 구원하는 법을 아시기 때문입니다.

기만적인 내 마음이 나를 속일까 두려울 때
　사탄의 참소로 만신창이가 되었을 때
　　당신의 전능하심으로 나를 도우소서.

친구에게 버림받거나 그들로부터 분리되었을 때
　혹은 타국에서의 은밀한 음모가 두려울 때
　　당신의 광대하심에 의지하게 하소서.
　　　주님, 당신은 어디에나 계시기 때문입니다.

당신의 완전하심에 의지합니다.
　내가 부를 바라겠습니까? 당신으로 충분합니다.
　내가 자유를 바라겠습니까? 당신은 자유이십니다.
　내가 안위를 바라겠습니까? 당신은 은혜를 베푸는 분이십니다.
　내가 죽음을 두려워하겠습니까? 당신은 생명이십니다.
　내가 버림받음을 두려워하겠습니까? 당신은 불변하십니다.

당신의 자비에 의지합니다.
    당신의 자비가 닿을 수 없을 만큼 안 좋은 상태는 없습니다.
    당신의 자비로도 나아지게 할 수 없는 악은 없습니다.
    당신의 자비로도 위로할 수 없는 슬픔은 없습니다.
    당신의 자비로도 회복시킬 수 없는 절망은 없습니다.

당신의 정결함을 의지합니다.
    당신은 죄를 미워하시기에
    나의 욕망은 불태우시지만 나를 불태우시지는 않습니다.
당신의 공의로우심을 의지합니다.
    주님, 나는 죄를 지었기에
    당신의 진노를 받기에 합당합니다.
        하지만 나의 보증이 되시는 그리스도가
        당신의 의로운 율법이 요구하는 모든 것을
        행하셨고 고난을 받으셨습니다.
        나의 허물 때문에 그분이 상처를 입으셨습니다.
그리고 당신의 정의는 같은 범죄를 두 번
처벌하지 않을 것입니다.

부는 불확실하고 불만족스러우며 제한적이고
    속이는 무용지물입니다.
당신은 불변하시고 만족시키시며 온전히 충분하시고
    신실하신 모든 것입니다.

나는 죄로 가득하지만,

   당신은 자비로 가득하십니다.

나는 무가치하지만,

   당신은 은혜로우십니다.

나는 당신의 은혜를 남용했지만,

   당신은 참으십니다.

나는 당신의 인내를 시험했지만,

   당신은 사랑으로 나를 참아 주십니다.

나는 당신의 사랑을 시험했지만,

   당신의 사랑은 변하지 않습니다.

나는 신실하지 못하지만,

   당신은 무한하십니다.

데이비드 클라크슨(David Clarkson)

5. 영원한 피난처

영원하신 주님,
    당신은 당신 백성에게 영원한 피난처요 안전이십니다.
당신의 공급은 한 세대에 국한되지 않습니다.
    당신의 풍성함과 자비를 맛보는 것은 그저 한 시절이 아닙니다.
당신의 눈은 한 번도 잠들지 않았으며
    작은 배와 같은 당신의 교회는
        파도에 흔들리기는 해도
            전복된 적은 없습니다.

당신은 언제나 우리를 지키는 피난처였고
    우리를 안전하게 보호하는 집이었습니다.
당신은 언제나 자비로 우리를 불쌍히 여기시고
    능력으로 우리를 보호하셨습니다.
세상이 성난 모습을 보일 때
    당신은 밝게 빛나는 얼굴을 보이셨습니다.
모든 세대에서 당신은
    여기에서는 당신의 백성을 안전하게 하고
        위에서는 그들을 위안하는
            거할 처소였습니다.

당신의 공급은 부족한 법이 없고
　　당신의 보살핌은 소홀한 법이 없습니다.
당신은 피난처이시기에
　　우리를 구원하려는 의지가 약해지는 법이 없습니다.
　　우리를 지탱해 줄 능력이 부족해질 일도 없습니다.
당신은 영원부터 영원까지 하나님이시기 때문입니다.

교회는 교회를 움직여 갈 조종사가 부족한 적이 없었고
　　교회를 보호할 바위가 부족한 적이 없었습니다.

당신은 언제나 하나님이셨습니다.
　　당신이 존재하기 시작한 시간을 정할 수 없습니다.
복음은 새로운 일시적인 신의 명령으로 선포되는 것이 아니라
　　당신의 명령, 곧 만세 전에 계신 하나님의 명령으로 선포됩니다.
비록 계시는 시간 속에서 드러나지만
　　그 계시의 목적과 결심은 영원 전부터 있었습니다.

영원하신 아버지, 당신을 찬양합니다.
　　당신의 영원하심은
　　　　당신이 당신 백성과 맺으신 언약,
　　　　　그리스도인의 가장 큰 위로인 그 언약이
　　　　　　안전하다는 근거입니다.

스티븐 차녹(Stephen Charnock)

아들을 향한 경탄의 기도

6. 오, 한없는 사랑

예수 그리스도시여,
　　천지에
　　당신의 사랑이
　　우리의 것으로 주지 않으신 것이
　　어디 있습니까?
그러나 당신이 없다면
이 모든 것이 우리에게 무슨 유익이 되겠습니까?
당신 없이는 땅은 지옥이 될 것이고
　　하늘은 천국이 되지 못할 것입니다.
당신은 땅의 소망이고
　　하늘의 영광이기 때문입니다.

이것이 당신의 사랑의 깊이입니다.
　　당신은 우리에게 당신 자신을 주셨고
　　당신과 함께 모든 것을 주셨습니다.
당신은 우리 신랑이고
　　하늘과 땅은 우리 유산입니다.
당신의 인성은 우리 것입니다.
　　당신은 우리와 결혼했기 때문입니다.

당신의 직분은 우리 것입니다.
  당신은 우리 왕이시고 우리 제사장, 우리 선지자이십니다.
당신의 고난, 당신의 공적,
  당신의 부활과 승천과 중재,
모든 것이,
  당신이 소유하시거나 행하시거나 고난받으신
  모든 것이 우리 것입니다.

당신의 사랑은 우리에게서 아무것도 거두지 않습니다.
  당신의 생명조차도 우리 몸값으로 지불하셨습니다.
  당신의 피조차도 우리 죄를 씻으셨습니다.
    오, 한없는 사랑!
    오, 측량할 수 없이 풍성한 당신의 사랑이여!
  이 사랑, 이 풍성함에 관심을 갖는 영혼은
  얼마나 행복합니까!

자신이 세상에서 위대하고 부유하다고 생각하는
사람들의 교만을 우리가 얼마나 멸시하는지요!
  그들의 넓은 영토와 엄청난 소유는
  그들이 비웃는 우리 것과 비교하면 그저 점에 불과합니다.
우리는 그들이 알지 못하는 부를 소유하고 있습니다.
  그들에게 지옥만큼 큰 욕망이 있을지라도
  우리는 그들이 욕망할 수 있는 것보다
  더 많은 것을 가지고 있습니다.

그들의 생각이 천사들의 이해력만큼 넓다 해도
우리는 그들이 상상할 수 있는 것보다
더 많은 것을 가지고 있습니다.
우리의 수익은 가치를 매길 수 없고
우리의 소유는 다 헤아릴 수 없고
우리의 유산은 한계가 없습니다.
무한합니다.
하나님과 하늘과 땅이 우리의 몫입니다.

당신의 사랑이 우리를 위해 이것을 행하였으니
우리가 당신을 찬양합니다.
당신이 우리에게 이 모든 축복을 주셨으니
우리가 당신을 사랑합니다.

데이비드 클라크슨(David Clarkson)

7. 내가 다 감당하겠다

주 예수 그리스도시여, 우리가 당신을 예배하고 흠모합니다.
당신은 하나님으로서 아버지 품에 계시고
    인간으로서 어머니 태에 계십니다.
당신은 하나님으로서 모든 것을 채우시고
    인간으로서 요람에 제한되십니다.
당신은 하나님으로서 영광의 옷을 입으시고
    인간으로서 거친 포대기에 싸여 계십니다.
당신은 하나님으로서 수백만 눈부신 천사들에 둘러싸여 계시고
    인간으로서 요셉과 마리아와 함께하십니다.
당신은 하나님으로서 모든 것이 충분하시므로
아무 부족함이 없으시고
    인간으로서 불명예스러운 조건에 복종하십니다.
영원 전부터 영광을 옷 입으셨던 분이
지금은 누더기를 걸치고 구유에 누워
배고픔과 지침과 위험과 멸시에 노출되어 계시니
영혼의 황홀함으로 당신을 바라볼 수밖에 없습니다.

이 얼마나 황홀한 광경입니까!
    온 세상의 심판자가 정죄를 당하시고

생명의 주관자가 수치의 나무에서 죽어 가시는 것을 보고
영원하신 아들이 아버지의 진노를 감당하시는 모습을 보다니요!
오, 인류를 향한 당신의 사랑이 도대체 무슨 일을 한 것입니까?
우리를 섬기도록 피조물을 보내시고
우리에게 충고할 선지자를 보내시며
우리를 위해 봉사할 천사를 보내시기만 했어도,
당신이 오셔서 우리를 위해 울어 주시기만 했어도
그것은 큰 자비였을 것입니다.

그런데 당신은 친히 오셔서
당신의 모든 백성을 위해 목숨을 내어놓으셨습니다.
당신이 저주를 받으셔서 우리가 복을 받았습니다.
당신이 버림을 받으셔서 우리가 버림받지 않았습니다.
당신이 저주를 받으셔서 우리가 무죄를 선고받았습니다.
오, 이 무한한 자비를 어떤 영적 환희로
충분히 다 감탄할 수 있겠습니까?

오, 나의 영혼아, 이 깊은 신적인 사랑에 푹 잠겨 보라.
하나님의 속성들이 외치는 소리를 들어 보라.
자비가 소리친다. "나는 남용되었다."
인내가 소리친다. "나는 멸시당했다."
선함이 소리친다. "나는 부당한 대우를 받았다."
거룩이 소리친다. "나는 일그러졌다."
이 모든 속성이 정의를 요구하며 아버지께 달려 나온다.

그리스도가 끼어들며 하시는 말씀을 들어 보라.
"내가 다 감당하고 다 만족시키겠다."

십자가에 달리신 그분을 보라.
벌거벗으시고 온통 찢기시고 피투성이가 되시어
하늘에서 내쳐져 땅으로 던져진 것처럼
하늘과 땅 사이에 계신 그분을 보라.
   오, 지옥보다 깊은 사랑이여!
   오, 하늘보다 높은 사랑이여!
예수님의 마음에 있는 사랑의 강렬한 불꽃에 비하면
가장 눈부신 천사도 그저 반짝거림에 지나지 않으리.

아이작 앰브로즈(Isaac Ambrose)

8. 어떤 사랑인가?

오, 이 사랑은 어떤 사랑인가!
죄를 기꺼이 참아 주고,
   너무나 자주 죄를 범하는 사람들을 향해
   끝없이 온유하게 애정을 쏟는 이 사랑은!

어떤 왕이 자신의 왕권에 도전한 대적을
   이처럼 사랑했습니까?
어떤 사람이 자신의 생명을 찾는 자에게
   이처럼 친구가 되어 주었습니까?
당신의 사랑을 제외하고 어떤 사랑도 그렇게 하지 못했습니다.
   당신의 사랑은 경계도 없고 견줄 수도 없습니다.

당신의 사랑은 당신으로 하여금
   우리와 함께 기꺼이 고난받게 했습니다.
당신이 몸으로 고통을 받으신 것처럼
   당신은 고통당하는 자들을 기억하십니다.
우리가 배고플 때 당신이 배고프다고 생각하십니다.
   우리가 추방될 때 당신이 이방인이라고 생각하십니다.
   우리가 갇혔을 때 당신이 갇혔다고 생각하십니다.

우리가 아플 때 당신이 아프다고 생각하십니다.
우리가 박해받을 때 당신이 박해받는다고 생각하십니다.

당신의 사랑은 당신으로 하여금
우리를 위해 기꺼이 고난받게 했습니다.
   말 한마디로 아무것도 없는 데서
      광대한 하늘과 땅을 만드신 분,
         하늘이 보좌이고
            땅이 발등상인 분,
   당신이 우리를 사랑하셔서
      종이 되는 데 동의하셨습니다.
태어날 때 요람도 없었고
   사는 동안 머리를 누일 곳도 없었고
      죽었을 때 기념비도 없었습니다.

천사들을 눈부시게 하는 광채를 가지신 분이
   우리를 사랑하셔서 기꺼이 멸시당하시고 거절당하셨습니다.
그 존재가 기쁨으로 가득하신 분,
   그 미소에서 기쁨의 강물이 흘러나오는 분이
   우리를 사랑하셔서 기꺼이 슬픔의 사람이 되셨습니다.
그 아름다움이 하늘의 영광이었고
   아버지의 영광처럼 밝게 빛나셨던 분이
   우리를 사랑하셔서 기꺼이 고난으로 모습이 일그러져
   우리가 흠모할 것이 하나도 없는 분이 되셨습니다.

그분이 보시기에는 천상도 깨끗하지 않지만
   우리를 사랑하셔서 우리 죄를 짊어지고
      우리 허물로 인해 상처를 입고
         저주가 되고
           종으로 팔리고
   비열하고 잔인한 죽음을 당하는 데 동의하셨습니다.
영원 전부터 아버지 앞에서 기뻐하시며
   아버지의 사랑이시고 기쁨이셨던 분,
     유일하게
        아버지의 영혼을 기쁘게 해드릴 수 있었던 분이
          우리를 사랑하셔서
             온 세상을 지옥으로 떨어지게 할
   측량할 수 없는 아버지의 진노의 짐을 지셨습니다.

사랑의 구세주여,
당신이 체면을 버리고
우리를 위해 기도하며 울어 주시는 것으로 충분하지 않습니까?
   그런데 우리를 위해 피를 흘리고 죽어 주기까지 하십니까?
인간의 잔인함을 느끼시는 것만으로 충분하지 않습니까?
   그런데 하나님의 진노까지 겪으시렵니까?

오, 이 얼마나 초월적인 사랑입니까!
   무슨 말로 이 사랑을 표현할 수 있을까요?
   어떤 마음이 이 사랑을 다 품을 수 있겠습니까?

천지가 이 사랑에 놀랍니다.
사람과 천사의 생각은 이에 훨씬 미치지 못합니다.
오, 당신 사랑의 높이와 깊이와 폭과 길이여!
    우리의 생각은 그 깊은 곳 속으로 삼켜져서
    영광이 그 생각들을 고양시킬 때까지
    거기 누워 있어야만 합니다.
    그때 우리는 당신의 사랑을
    찬양하고 존경하고 경배하는 것 외에는
    다른 할 일이 없을 것입니다.

데이비드 클라크슨(David Clarkson)

9. 사랑의 덩어리

주 예수 그리스도시여,
당신은 가난하고 마음이 상한 자들에게
얼마나 위로를 주시는지요!
   하늘과 땅을 다 뭉쳐서
   순금으로 만들어도
   한 영혼, 가난한 죄수인 나 같은 영혼을 향한
   당신의 사랑의
   천분의 일도 되지 않을 것입니다.

당신은 하나님의 낙원에서 가장 아름다운 장미이며
상상할 수 있는 모든 창조된 영광을 무한히 능가하십니다.
당신의 불은 다른 어떤 불보다 더 뜨겁고
   당신의 사랑은 보통의 사랑보다 더 달콤합니다.
     당신의 아름다움은 모든 아름다움을 뛰어넘습니다.

오, 그러니 당신을 사랑할 수밖에 없습니다!
하지만 우리 모두는
   아버지가 사랑하시는 아들이시자 하나님의 기쁨이신
   당신을 충분히 사랑할 수가 없습니다.

주님, 당신의 백성의 모임이
　함께 잔치를 벌이고
　하나님과 어린양의 보좌에서 흘러나오는
　맑은 생명수를 마시는
　밀회의 장소가 되게 하소서.

새뮤얼 러더퍼드(Samuel Rutherford)

10. 태양과 중심

주 예수님, 당신을 아는 것이
    세상의 어떤 지식보다 탁월합니다.
이보다 더 즐겁고 편안하고
    더 활기차고 생기가 넘치게 하는 것은 없습니다.
당신은 태양이시고 모든 신적 진리의 중심이십니다.

당신만이 우리 행복의 전부이십니다.
    우리를 깨닫게 하는 태양,
      우리를 고치는 의사,
        우리를 수호하는 불기둥,
          우리를 평안하게 하는 친구,
            우리를 부요하게 하는 진주,
              우리를 지켜 주는 방주이십니다.

당신은 무거운 짓눌림을 막아 주는 바위이십니다.
    바람을 피해 숨을 곳,
      폭풍을 피할 은신처,
        사막의 오아시스,
          황폐한 땅의 그늘진 곳입니다.

당신만이 하늘과 땅을 잇는 사다리,
    하나님과 인간을 잇는 중재자이십니다.

다른 모든 것은 헛됩니다.
    하지만 당신은 참되시고 견고하시며
    실체이시고 탁월하시고 영광스러우십니다.
다른 모든 것은 일시적입니다.
    하지만 당신은 영원한 실재이십니다.
다른 모든 것은 가식이고 우리 영혼을 혼란스럽게 합니다.
    하지만 당신은 기쁨과 평안으로 가득해 온전히 아름답습니다.

진정 죄에서 돌아서야 합니까?
    그렇습니다. 내 앞에는 당신의 영의 은총이 있습니다.
부패한 동료들에게서 돌아서야 합니까?
    내 앞에는 당신과 당신 아버지와의 교제가 있습니다.
명예와 영광을 버려야 합니까?
    내 앞에는 입양의 특권이 있습니다.

세상의 부를 멀리해야 합니까?
    내 앞에는 당신의 은혜의 풍성함이 있습니다.
악한 쾌락에서 돌아서야 합니까?
    내 앞에는 온전한 기쁨이 있습니다.
나 나름의 의를 버려야 합니까?
    내 앞에는 당신의 완벽한 의가 있습니다.

오, 금과 은이 있는데
　　누가 자갈로 자기 금고를 채우겠습니까?
주 예수님, 당신은 나를 위해 하늘을 저버리셨습니다.
　　그러니 나는 얼마나 많이 세상 것들을
　　버려야 하겠습니까!
오, 가슴을 녹이는 당신의 사랑에 내 마음을 드리고
　　다른 모든 것에서 자유하게 하소서!

아이작 앰브로즈(Isaac Ambrose)

성령을 의지하는 기도

11. 천국의 지혜

하나님의 영이시여, 당신은 천국의 지혜이시며
　우리를 결코 어리석음으로 인도하시지 않습니다.
하나님의 영이시여, 당신은 사랑의 영이시며
　언제나 선을 행하기를 기뻐하십니다.
하나님의 영이시여, 당신은 화합의 영이시며
　신자들이 연합하게 하시고 분열을 미워하십니다.
하나님의 영이시여, 당신은 겸손과 자기 부인의 영이시며
　우리를 우리 눈에 작게 하시고 교만을 미워하십니다.
하나님의 영이시여, 당신은 온유의 영이시며
　인내와 관용을 베푸시고 시기를 미워하십니다.
하나님의 영이시여, 당신은 하나님을 위한 질투의 영이시며
　알려진 죄에 대항하기로 결심케 하시고 무관심을 싫어하십니다.
하나님의 영이시여, 당신은 금욕의 영이시며
　육신과 싸우시고 이기적인 방종을 싫어하십니다.

기도하오니,
우리 삶에 역사하시는 당신의 손길을 분별하게 하소서.
그리스도의 교리와 모순되지 않게 하시고
　언제나 당신을 닮아 가도록 우리를 움직이소서.

터무니없거나 무례하거나 상처 주지 않게 하시고
　　언제나 선을 향하게 하시고
　　성화와 순종을 완성하게 하시고
결코 하나님을 소홀히 여기거나 신경 쓰지 않거나
　　방해하거나 떠나거나
　　맡겨진 일을 감당하지 못하는 일이 없게 하시고
언제나 하나님께 온전히 순종하고
　　그분께 우리 마음을 올려 드리고
　　하나님의 영광을 위해
　　영적이고 신적인 모습이 되게 하소서.

하나님의 영이시여, 고의로 죄를 짓거나
　　당신의 도움을 무시하는 방식으로
　　당신이 우리 삶에 영향을 미치시는 것을
　　막아서지 않게 하소서.
당신은 당신의 모든 영적 움직임의 원천이시고
우리 항해의 바람이십니다.
우리는 당신 없이 아무것도 할 수 없습니다.
그래서 우리는 당신의 도움을 구합니다.
　　당신이 문에 서서 두드리실 때
　　마치 못 들은 것처럼 행동하지 않게 하소서.
　　오히려 재빨리, 철저히, 지속적으로
　　순종하게 하소서.

당신이 택한 방법들을 간과하지 않게 하소서.
　계속해서 기도하고, 묵상하고,
　　듣고, 읽고,
　　　당신의 복을 기대하게 하소서.
밭을 갈고 씨를 뿌린 농부처럼
　추수를 위해 햇빛과 비를 바라게 하소서.
당신이 정하신 방법대로 씨를 뿌리게 하셔서
　우리에게서 생명과 거룩함을 수확하게 하소서.

리처드 백스터(Richard Baxter)

12. 우리를 정결하고 깨끗하게 하소서

주 하나님,
어둡고 무지한 우리의 생각과
   괴팍하고 고집스러운 우리의 의지와
      무질서하고 변덕스러운 우리의 사랑을 알기에
당신께로 나아갑니다.
당신의 거룩한 영의 역사로 우리의 악한 모습을 고쳐 주소서.

성령이 우리의 본성을 바로잡으시고 갱생시키시길,
   우리에게 새로운 이해와
      새로운 마음과
         새로운 사랑을 주시길,
우리의 온 영이 당신의 형상을 닮아 새로워지길
기도합니다.

성령의 새롭게 하시는 역사는
   반복될 필요가 없으니 감사합니다.
우리의 본성은 정결하게 되었고
   당신의 형상은 회복되었습니다.
이제 우리를 죄에서 깨끗이 씻어 주소서.

당신은 우리가 그렇게 될 것을 누누이 약속하셨습니다.
    우리에게 그래야 한다고 번번이 처방하셨습니다.
죄를 깨끗이 씻지 않고는
    우리 안에 진정한 거룩을 가질 수 없습니다.

성령이 우리의 본성을 새롭게 하시는 일에
    우리가 최선을 다하게 하시고 성장하게 도와주소서.
기도하오니,
    우리의 생각에 구원의 빛이 더욱 비치게 하시고
    우리의 의지와 사랑에 하늘의 사랑을 더욱 허락하시며
    우리의 마음에 기꺼이 순종할 준비를 더욱 갖추게 하셔서
    우리가 더 순결하고
    죄의 오염에서 더욱 깨끗해지게 하소서.

당신의 거룩한 영이
    우리를 정결하게 하고 깨끗하게 하소서.
우리 영혼을 강하게 하시고
    모든 거룩한 사명을 감당하며
    모든 자범죄를 멀리하게 하소서.
우리에게 정결과 거룩의 원리를 주셔서
    우리가 순종하고 사명을 감당하며
    죄를 거부할 때
    당신의 영이 일하게 하소서.

하지만 우리가 죄를 짓고 더럽혀진다면
어떻게 깨끗해지겠습니까?
    당신은 신실하시고 공의로우시기에 우리 죄를 용서하시고
    우리를 모든 불의에서 깨끗하게 하실 것입니다.
당신의 아들이신 예수 그리스도의 보혈이
우리를 모든 죄에서 깨끗하게 합니다.

그래서 우리는 기도합니다.
    그리스도의 보혈이
    당신의 성령으로 말미암아
    우리 영혼 안에 특별히 역사하여서
    우리를 죄에서 건져 주기를.

존 오웬(John Owen)

13. 나의 위로자

성령이시여, 당신의 위대한 사랑과
무한한 겸허함에 감사합니다.
    당신은 기꺼이 아버지를 떠나
    내 위로자가 되어 주셨습니다.
당신은 내가 어떤 존재였는지
무슨 일을 할 수 있는 존재였는지 아셨습니다.
    나는 당신을 슬프게 하고, 화나게 하고, 제지하고,
    당신의 거처를 더럽혔을 것입니다.
하지만 당신은 나의 위로자가 되기 위해 오셨습니다.

그리고 이제 당신은
    나를 설득해 악에서 멀어지게 하며
    나의 성화와 모든 회개의 열매를 구하십니다.
그에 대한 반응으로 나도
    당신의 사랑과 친절과 온유함으로 인해
    거룩을 추구하게 하소서.
    순종으로 당신을 기쁘시게 하고
    악과 어리석음으로
    당신을 근심하지 않게 하소서.

성령이시여, 나를 향한 무한한 사랑과
친절 속에서
    당신은 자신을 낮추어
    나의 위로자가 되셨습니다.
의지적으로, 자유의사로,
힘을 다해 그렇게 하셨습니다.
나는 당신에게서 너무나 많은 것을 받았습니다!
        뒤죽박죽된 나의 영혼을
        당신은 얼마나 시원하게 하셨는지요!

당신의 위로 없이 내가 하루라도 살 수 있겠습니까?
그런데도 내가 게으름과 죄와 어리석음으로
당신을 슬프게 하겠습니까?
          아닙니다. 당신의 사랑이 나를 제한하소서.
          나의 모든 발걸음이 당신을 기쁘게 하게 하소서.

은혜로 얻은 모든 공급과 도움,
    내 마음 안에 일어난 모든 선한 의도와 동기,
        죄와 싸우려는 내 모든 분투와 싸움,
그 원천이 당신임을
믿음으로 받아들일 때
당신과의 온전한 연합이 이루어지게 하소서.
그것들은 당신의 사랑과 친절과 온유함에서 나온 것이기에
조심스럽게 주의하여 사용하게 하소서.

당신이 내 마음 안에 하나님의 사랑을 흠뻑 부어 주실 때
   내가 입양되었음을 당신이 증언하실 때
      당신의 임재를 느낄 때
         그리고 당신의 사랑과 선함과 온유함을 묵상할 때
당신을 향한 경외가 넘치게 하시고
당신의 성전을 거룩하고 정결하게 유지하기 위해
애쓰게 하소서.

당신으로부터 수많은 자비와 특권을 받았으니
찬양과 감사와 경외와 영광과 축복을
당신께 올려 드립니다.

존 오웬(John Owen)

14. 내적으로 영광스러워지게 하소서

오 주님, 당신을 내게 주소서.
　당신 안에 모든 선물이 들어 있습니다.
오, 내게 당신의 영을 주소서.
　당신은 당신의 영과 함께
　모든 것을 주실 것입니다.
　　　오, 얼마나 간절한지요!
　　　오, 내 영혼이 당신의 영을
　　　얼마나 간절히 간절히 구하는지요!

오소서, 성령이시여.
오셔서 내 영혼에 거하소서!
　　　나는 당신이 자신이 거하시는 곳을
　　　영광스럽게 하심을 압니다.
　　　당신이 내 안에 거하시면
　　　나는 영광스러워질 것입니다.

아이작 앰브로즈(Isaac Ambrose)

15. 우리에게 날개를 주소서

성령이시여,
우리 마음은 원래부터 오염되어 있습니다.
기도하오니,
   오셔서
      죄를 없애 주시고
         은혜를 부어 주소서.

우리 마음이 깨끗한 성전이 되게 하시고
   즐거움의 천국이 되게 하소서.
우리의 상상력을 성화시켜
   거룩한 묵상을 하게 하소서.
우리의 의지를 성화시켜
   선으로 기울게 하소서.

그래서 전에는 하나님을 대적해 죄를 지었다면
   이제는 하나님을 섬기는 것을 기쁘게 하소서.
우리에게 거룩의 향기가 나게 하시고
   우리 마음이 천국의 지도가 되게 하소서.

성령이시여,

생명을 주시는 당신의 능력을 찬양합니다.

　우리 마음은 사명을 감당할 능력이 없습니다.

　오셔서 용기를 주소서.

　우리의 사랑이 뜨거워지게 하시고

　우리의 소망이 살아 있게 하소서.

　영혼의 짐을 제하시고 영혼에 날개를 달아 주소서.

성령이시여,

당신의 통치하시는 능력을 찬양합니다.

　당신은 영혼의 가장 중요한 자리에 앉아 계십니다.

　당신의 권한으로 우리 마음을 다스리소서.

　모든 생각을 그리스도께 복종하게 하소서.

성령이시여,

잠잠케 하시는 당신의 능력을 찬양합니다.

　당신은 부싯돌을 육체가 되게 하셨습니다.

　우리의 굳은 마음을 부드럽게 하셔서

　당신으로부터 오는 감동에 굴복하게 하소서.

성령이시여,

당신의 위로하시는 능력을 찬양합니다.

　당신은 우리를 격려하시고 소생시키십니다.

　우리의 위로자가 되십니다.

우리가 은혜 안에 있음을 보여주소서.
우리가 우리에게 있는 풍성함을 보지 못할 때
    우리가 입양되었음을 분명히 말씀해 주시고
    황홀한 하나님의 사랑을 보게 하소서.
    우리를 그리스도의 보혈로 이끄시고
    그리스도의 옆구리에서 흘러나오는
    정의의 물을 마시게 하시고
    그리스도가 값을 주고 사신 것이
    우리 것이 되게 하소서.

우리 죄가
    그리스도 안에서
    제거되었음을 보여주소서.
우리의 때와 얼룩이
    우리의 머리 되시는 예수 안에서
    깨끗해졌음을 보여주소서.

토머스 왓슨(Thomas Watson)

감사의 기도

16. 수천 가지 즐거움

오, 무슨 말로 불같은 내 마음을 표현할까요?
    내 마음이 당신을 흠모합니다.
    당신을 경외하고, 당신을 사랑합니다.
이렇게밖에는 표현할 길이 없습니다.
    내 작은 그릇이 가득 찼으니
    더 많이 받을 수 있도록 당신 앞에 쏟아 냅니다.

당신은 나의 소망이시고 나의 도움이십니다.
    당신과 대화를 나눌 때
    수천 가지 즐거운 생각들이 동시에 떠오릅니다.
    수천 가지 즐거움의 원천이 열려
    내 영혼 안으로 밀려들어 옵니다.
    며칠, 몇 주, 몇 달에 누릴 행복이
    한순간에 몰려들어 오는 것 같습니다.

당신이 내게 주신 육체를 축복합니다.
    당신이 그 육체에 힘과 열정을 주셔서
    당신이 주신 즐거움을 누릴 수 있고
    당신을 섬기는 데 생명을 걸고 행동할 수 있습니다.

왕의 포상금을 주시니 당신을 찬양합니다.
　　당신은 그 포상금으로
　　인류의 매일의 필요를 채우시고
　　특별히 내 가족의 필요를 채워 주십니다.

또 이것을 친구들과 나눌 수 있게 하신 당신을 찬양합니다.
　　어려울 때 나를 도와주는 가족과 친구를 주시니 감사합니다.
　　당신의 마음을 내게 주셔서
　　도움이 필요한 자들을 공감하고
　　그들을 위로하게 하시니 감사합니다.
당신은
　　모든 자애로운 성향과
　　　모든 신중한 계획과
　　　　행복은 나누고 고통은 줄이려는 모든 시도의
　　　　　위대한 창시자이시기 때문입니다.

천국을 적시는 강물과
이 땅에서 나를 사랑했던 사람들이 그 천국을
영원히 기쁘게 하심으로 인해 당신을 흠모합니다.

하지만 내가 당신을 더욱 흠모하는 이유는
당신의 모습 그 자체 때문입니다.
당신은 그 무한한 완벽함으로 인해
당신 자신의 목적이고 행복이십니다.

오 주님, 모든 것의 원천이시며
가장 위대하고 가장 아름다운 분이시여,
내 영혼을 소유하소서!
   배고플 때마다 당신을 갈망합니다.
   목마를 때마다 당신을 갈망합니다.
   근심될 때마다 당신 안에서 쉬기를 갈망합니다.
   기쁠 때마다 당신 안에서 기뻐합니다.

내 모든 갈망이 당신을 영원히 기뻐하며 충족될 때까지
계속해서 당신을 향해 나아가게 하소서!

필립 도드리지(Philip Doddridge)

17. 선으로 가득 채우소서

한밤중에 다른 이들이 깊이 잠들어
안식하며 쉬고 있을 때
나는 뜬눈으로 지새우며
누울 수도 없었다.
내 영혼이 사모하는 그분을 간절히 찾았고
눈물로 전심을 다해 그분을 구했다.
그때 그분이 위에서 귀를 기울이셨고
내 울부짖음과 찾음은 헛되지 않았다.
내 굶주린 영혼을 그분이 선으로 채우셨다.
내 눈물을 그분의 병에 담으셨고
내 쓰라린 상처는 그분의 보혈로 씻겼고
내 의심과 두려움은 사라졌다.

나를 위해 값없이 이 일을 행하신
내 구세주께 내가 무엇을 드릴까?
살아 있는 동안 나는 여기서 그분을 섬길 것이고
영원히 그분을 사랑할 것이다.

앤 브래드스트리트(Anne Bradstreet)

18. 무엇으로 보답할까?

고통 중에 주님을 찾았습니다.
이 땅의 어떤 것도 위로가 되지 않고
이 땅의 모든 것이 나를 미워할 때
주님, 당신이 내게 "살라." 하고 말씀하셨습니다.

당신은 내가 겪은 슬픔을 아십니다.
내 흐느낌과 신음이 당신 귀에 들렸습니다.
내가 진땀을 흘리며 애쓸 때
당신이 도우시고 당신이 나를 생각하셨습니다.

그렇습니다. 내가 가장 낮고 가난할 때
힘을 다해 당신을 찬양하리라 고백했을 때
당신이 내 지친 육체를 회복시키셨고
내 연약한 허리를 강건하게 하셨습니다.

내 하나님이 그분의 모든 은혜를 내게 보이셨으니
내가 무엇으로 보답할까?
그분이 자비로 든 회초리에도
온통 긍휼하심이 보입니다.

온 맘 다해 내 마음을 당신께 드립니다.
오, 신실하신 주님, 내 마음에 풍성한 열매가 맺히게 하소서.
내 인생이 생각과 행동과 말 속에서
오직 당신만 찬양하게 하소서.

당신은 아십니다.
내가 이 끔찍한 날들을 견디면서
이 땅의 가치 있는 것들을 구하지 않고
당신의 이름이 찬양받기를 구했다는 것을.

주님, 당신의 이름이 영원히
찬양받으시는 것이 내가 바라는 것입니다.
오, 지금 이곳에서 이 소원을 가지고 살게 하시고
후에 당신과 함께하는 최고의 삶을 누리게 하소서.

앤 브래드스트리트(Anne Bradstreet)

19. 선의 원천

당신은 하나님을 당신의 행복으로 삼았는가?
당신의 가장 큰 만족의 근거는 무엇인가?
    쾌락의 정원으로 가서 온갖 향기로운 꽃들을 모아 오라.
    맘몬의 보물 창고로 가서 원하는 만큼 가져오라.
    명예의 전당으로 가서 이 땅의 위대한 이름을 받으라.
이것들 중 어떤 것이라도, 아니 이것들 모두를 합쳐도
당신을 만족시키고 스스로 행복하다고 여기게 할 수 있겠는가?

선의 영원한 원천이시여,
    당신의 자비의 곳간,
        당신의 능력의 은신처,
            헤아릴 수 없이 깊은 당신의 완전함 같은
당신의 신적 탁월함을
두루 다니며 맛보게 하소서.
이것이 내게 가장 잘 맞는 최고의 기쁨이 되게 하소서.
        "여기 있는 것이 좋사오니
        이곳에 초막을 짓고
        여기서 살다 죽겠습니다."
이렇게 말하게 하소서.

당신을 위해 세상을 버리게 하소서.
그러면 당신과 나의 사이가 좋아질 것입니다.
그러면 나는 행복할 것입니다.
내가 태어난 것이 행복할 것입니다.

당신이 나를 행복하게 하신다면 나는 당연히 행복할 것입니다.
주님을 나의 하나님으로 받아들였기 때문입니다.
그리스도가 우리에게 하셨던 말씀을
나도 그분께 고백하게 하소서.
      "당신의 아버지가 내 아버지가 되시고
        당신의 하나님이 내 하나님이 되실 것입니다."
당신의 은혜에 의지해 당신께로 돌아섭니다.
타락의 치명적인 비참함을 고쳐 주소서.
내 마음이 우상에게서 돌아서서
살아 계신 하나님이신 당신께로 향하게 하소서.
내 영혼이 말하게 하소서.
      "주님, 내가 어디로 가겠습니까?
        영생의 말씀이 당신께 있습니다."
여기에 내 중심을 두고
여기에 머물게 하소서.
이것이 나에게 천국의 입구가 되게 하소서.
당신께 모든 신경을 집중하게 하소서.

조셉 얼라인(Joseph Alleine)

20. 쌓인 행복

주 하나님,
당신은 스스로 영광스러우시고 행복하십니다.
또한 당신을 자신의 몫으로 여기는 사람들을
영광스럽고 행복하게 하십니다.
하나님의 백성의 모든 축복은 이렇게 요약됩니다.
   당신은 우리의 하나님이시고,
     당신은 우리의 몫이시고,
         당신은 우리의 유산이십니다.

아, 하나님을 주로 섬기는 자들의 쌓인 복이여!
   그 행복이 얼마나 크고 영광스러운지
   다 헤아릴 수가 없고 말로 형용할 수가 없습니다!
이 세상의 모든 복을 합쳐도
우리를 행복하게 할 수 없지만
당신은 하실 수 있습니다.
당신이 우리의 몫이 될 때
   그 어떤 것도 우리를 진정으로 비참하게 할 수 없습니다.
또한 당신이 우리의 몫이 아닐 때
   그 어떤 것도 우리를 진정으로 행복하게 할 수 없습니다.

당신은 모든 진정한 행복의 창시자이십니다.
   모든 진정한 행복의 기부자이십니다.
   모든 진정한 행복의 유지자이십니다.
   모든 진정한 행복과 축복의 중심이십니다.

주 하나님,
당신은 아무도 빼앗을 수 없는 우리 보물이십니다.
친구도 적도 사탄도 우리에게서 당신을 빼앗을 수 없습니다.
당신은 언약에 의해 우리의 것입니다.
   약속으로 우리의 것입니다.
   값을 지불했기에 우리의 것입니다.
   정복했기에 우리의 것입니다.
   기부했기에 우리의 것입니다.
   결혼을 통해 우리의 것입니다.
   성령의 맹세로 우리의 것입니다.
   성령의 증언으로 우리의 것입니다.
당신은 현재 우리의 하나님이실 뿐 아니라
가까운 미래에도 우리의 하나님이십니다.
당신은 영원히 우리의 하나님이실 것입니다.

당신의 능력을 넘어서는 능력만이
당신의 힘을 능가하는 힘만이
당신 안에 있는 우리의 몫을 빼앗거나 망칠 수 있습니다.
하지만 당신보다 강한 이가 누가 있겠습니까?

진흙이 토기장이보다
   그루터기가 불꽃보다
      약함이 강함보다 강하겠습니까?
아닙니다. 당신의 약함은 어떤 인간의 힘보다 강합니다.
이 땅의 보화는 쉽게 빼앗깁니다.
   많은 이가
      바다의 파도로
         폭력과 힘으로
            사기와 속임수로
               악의적인 거짓말과 섬뜩한 욕설로
보화를 잃었습니다.

하지만 당신은 불이 태울 수 없고
   홍수가 쓸어 갈 수 없고
      도둑이 훔쳐 갈 수 없고
         원수가 빼앗아 갈 수 없고
            군인이 약탈할 수 없는
우리의 몫입니다.
누군가 내게서 금은 빼앗을 수 있지만
당신을 빼앗을 수는 없습니다.
   약함이 강함을 무너뜨리고
      무능이 전능을 무너뜨리고
         토기가 토기장이를 무너뜨리고
            기어다니는 벌레가 당신을 무너뜨릴 수 있을 때까지

만군의 주여,
성도의 몫은 안전하고 확실합니다.
   질병이 내 건강과 힘을 앗아갈 수 있고
      죽음이 내 친구와 친척들을 앗아갈 수 있고
         대적이 내 재산과 자유를 앗아갈 수 있습니다.
하지만 아무도 나의 하나님을 내게서 앗아갈 수 없습니다.
당신은
   당신의 영원한 사랑으로
      당신의 영원한 언약으로
         당신의 아들의 피로
   당신의 백성에게 못 박히셨습니다.

토머스 브룩스(Thomas Brooks)

고백의 기도

21. 용서받을 것입니다

죄로 인해 내가 무슨 상황을 초래한 것입니까!
    압니다, 압니다. 주님, 당신이 돕지 않으시면
    나는 길을 잃고 완전히 실패합니다.
오, 내 마음은 얼마나 지옥인지요.
하지만 선한 마음이라고 스스로 속였습니다.
주님, 내 몸과 능력과 행위의 모든 것이
전부 얼마나 부패했는지요!
내 마음은 죄의 소굴 그 자체입니다.

오, 모래만큼 많고
    산보다 강력한
        나의 죄가 나를 노려봅니다.
나를 지으신 하나님을 대항하여
내 죄가 요새처럼 나의 불행한 영혼을 겹겹이 에워쌉니다.
기도하오니,
이 무거운 죄책을, 이 내리누르는 짐을 벗겨 주소서.
    아니면 나는 소망도 없이 부서져
    지옥에 처박힐 것입니다.

어느 길을 보아야 합니까?
   하나님이 저 위에서
   내게 눈살을 찌푸리십니다.
   지옥은 저 밑에서
   나를 삼키려고 헐떡거립니다.
   양심이 안에서 부대낍니다.
   유혹이 밖에서 나를 에워쌉니다.
무소부재하신 분을 피할 수 있는 곳이 어디입니까?
전능하신 분에게서 나를 안전하게 지킬 힘이 무엇입니까?
하지만 하나님의 맹세는 진실하기에
나는 용서받고 자비를 얻을 것입니다.

주님, 내가 누구이기에
당신께 그런 주장을 하겠습니까?
하지만 당신이 황금 홀을 내밀고 계시기에
담대히 나아가 그 홀을 만집니다.
       절망하는 것은
       당신의 자비를 폄하하는 일이 될 것입니다.
       뒷걸음질치는 것은
       다시 한 번 당신을 반역하는 일이 될 것입니다.
그러니 당신 앞에 내 영혼을 숙이며
모든 가능한 감사의 마음을 다 담아
당신을 나의 하나님으로 받아들입니다.
그리고 나 자신을 당신께 바칩니다.

오소서, 주 예수여,
> 승전가를 울리며 내 마음에 들어오소서.
> 나를 영원히 당신 것으로 삼으소서.

오, 지고의 영이시며 위로자이시자
정결하게 하시는 주여,
> 내 안에 임하셔서
> 당신의 모든 열매와 은혜를 맺게 하소서.

오, 복된 삼위일체,
오, 영광스러운 연합체여,
> 나 자신을 당신께 의탁합니다.

오 주님, 당신의 이름을 내게 새기소서.
> 내 육신은 망설이겠지만, 은혜에 의지하여
>> 어떤 대가를 치르더라도
>> 당신과 당신의 거룩한 방법을 고수하기로 결단합니다.

나는 이미 영원한 선택을 했습니다.
주 예수님, 이 계약을 확정하소서.

조셉 얼라인(Joseph Alleine)

22. 그리스도와 함께 내 죄를 묻어 주소서

오, 가장 강력하고 영광스러운 하나님,
헤아릴 수 없는 능력과 위엄이 가득한
    당신의 영광은 하늘의 하늘이라도 다 담을 수 없습니다.
당신의 은혜의 보좌 앞에 무릎 꿇은
    무가치한 종인 나를 당신은 하늘에서 내려다보십니다.
오 아버지, 당신의 사랑하는 아들,
    유일하게 당신을 기쁘게 해드리는
        예수 그리스도의 중보와 공로를 통해 나를 보소서.

나 자신만 보면 당신의 임재 앞에 설 자격이 없고
    내 더러운 입술로는 거룩하신 하나님을 언급할 수조차 없습니다.
내가 죄악 중에 잉태되어 태어났고
    그 후로도 죄악 가운데 살았음을 아시기 때문입니다.
나는 죄악된 욕망과 부정한 생각과
    악한 말과 사악한 일들로
        당신의 모든 거룩한 계명을 어겼습니다.
당신이 요구하신 책무들을 많이 빠뜨렸고
    당신이 금하신 악을 많이 저질렀습니다.

[여기서 당신의 양심을 가장 무겁게 짓누르는
비밀스러운 죄들을 다음과 같이 말하며
하나님께 고백할 수 있습니다.
"오 주님, 비통한 마음으로 …을 고백합니다."]

이런 죄들 때문에
오 주님, 나는 당신의 저주를 받기에 합당합니다.
   하지만 당신에게는 자비와 완전한 구원이 있습니다.
당신의 은혜를 의지하고
   그리스도의 공덕을 확신하며
     당신의 종을 심판하지 않으시길
       간청합니다.

예수 그리스도가 나를 위해 흘리신
   보혈의 공로로
     내 부정한 모든 죄를 씻으소서.
오 주님, 내 죄와
   내 머리에 걸린 심판들로부터 나를 건지소서.
동이 서에서 먼 것처럼
   그것들을 당신의 임재에서 분리하소서.
그것들을 그리스도의 무덤에 묻어
   다시는 나를 공격하기 위해 일어나지 못하게 하소서.
이생에서 나를 수치스럽게 하거나
   오는 세상에서 나를 정죄하지 못하게 하소서.

오 주님, 간구하오니,
흠 없는 어린양의 피로 내 죄를 씻어 주시고
   성령으로 내 마음을 정결하게 하사
      죄를 죽이고
         당신의 영을 더욱더 느끼게 하소서.
그래서 영원하신 하나님을 의와 거룩함으로
   더욱 자유롭게 섬기게 하소서.
삶이 다하는 날까지
   당신의 신실한 종으로 인내하게 하시고
      당신의 나라에서
         행복을 누리는 자가 되게 하소서.

루이스 베일리(Lewis Bayly)

23. 당신의 은혜의 보좌에 호소합니다

오 주 하나님, 하늘의 아버지시여,
우리는 당신 앞에 설 자격도 없음을 고백합니다.

당신은 우리를 만드신 창조주시요,
당신의 외아들의 핏값으로 우리를 사신 구원자시요,
우리에게 거룩한 은혜를 베푸시는 위로자이심에도 불구하고
우리는 매일 당신의 거룩한 율법과 명령을 어깁니다.

만일 우리의 악함에 합당한 대로
당신이 우리를 대하셨다면
우리는 이생에서는 수치와 혼란뿐이요
오는 세상에서는 영원한 정죄를 받을 수밖에 없었습니다.

그러나, 오 주님,
당신의 명령에 복종하고
당신의 끝없는 자비를 확신하며
당신의 정의의 보좌가 아닌
넘치는 죄를 용서하는 자비가 통치하는 곳,
당신의 은혜의 보좌에 호소합니다.

마음 깊은 곳에서부터
겸손히 당신께 간구합니다.
우리 범죄와 비행을 용서하소서.

예수 그리스도의 보혈에 힘입어
우리의 원죄와 자범죄가 씻기게 하소서.
그래서 그것들이 결코 우리를 심판할
능력을 갖지 못하게 하소서.

루이스 베일리(Lewis Bayly)

24. 중대한 범죄 이후

오, 지극히 거룩하시고 거룩하시고 거룩하신 주 하나님,
    당신의 흠 없는 정결함을 생각할 때
    나의 영은 혼란과 절망에 빠져
    수치와 공포로 당신 앞에 설 수밖에 없습니다.
수치 가운데 당신께 나아가기를 주저하나
오 주님, 당신 외에 내가 누구에게로 가겠습니까?
    당신께 내 삶과 죽음을 의탁합니다.
    당신은 지금 나를 짓누르는 죄 짐을
    벗겨 줄 수 있는 유일한 분이십니다.
내가 잃어버린
    나는 영원히 누릴 자격이 없는
        그 안식과 평화를 당신만이 회복시키실 수 있습니다!

오 주 하나님, 당신 발 앞에 엎드린 나를 보소서.
    당신 앞에서 유죄를 인정하고
    피할 수 없는 정의에 나 자신을 굴복시키는 것을 보십시오.
나의 정당함을 입증할 말이 한마디도 없습니다.
내 커다란 죄를 말로 다 표현할 수가 없습니다.

오 주님, 당신이, 그리고 당신만이
내 죄가 얼마나 악랄하고 얼마나 극심한지 아십니다.
당신의 거룩한 위엄의 영광을 감당할 수가 없습니다.
    나는 당신의 권위를 무시했고
    당신의 수많은 자비에도 불구하고 죄를 저질렀습니다.
당신의 사랑하는 아들의 보혈을 감당할 수가 없습니다.
    나는 감사함도 없이 그 피를 발로 짓밟았습니다.
당신의 복된 영의 위엄도 감당할 수가 없습니다.
    나는 당신의 영을 거역했고
    그분이 하시는 일을 무효로 만들려고 했습니다.
오, 비열하고 광기 어린 내 행동이여,
    당신의 아들이 피를 흘려 마련하신 치료약을
        당신이 발라 주지 않으셨다면
            나는 그 영혼의 상처로 죽었을 것입니다!

오 하나님, 당신의 은혜는 얼마나 놀라운지요.
이러한 나를 당신은 초대하십니다.
    나는 여기서 나에게 심판을 선언하지만
    당신은 영생의 말들을 들려주십니다.
그러니, 오 주여, 보소서.
    당신의 말씀에 초대되어
        당신의 은혜에 용기를 내어
            내가 옵니다.

내 죄가 너무나 크오니

마음을 낮추어

당신이 그 죄들을 기꺼이 용서하시길 구합니다.

    당신의 은혜의 풍성함과

    당신의 아들의 피의 귀함을 보이소서!

    내게 재 대신 화관을

    슬픔 대신 희락을

    낙담 대신 찬송의 옷을 주소서!

필립 도드리지(Philip Doddridge)

25. 하나님과의 언약

오 주님, 나는 길 잃고 타락한 피조물입니다.
   본성적으로도 그렇고
   오늘 당신 앞에 고백하는
   셀 수 없는 실제적인 죄로도 그렇습니다.
당신은 나의 비참한 상태를
보여주셨고 깨닫게 하셨습니다.
그리고 그리스도를 통해 주시는 치료약도 알게 하셨습니다.

그래서 이제, 자격 없는 나이지만 선포합니다.
   예루살렘에서 죽임당하신 그리스도 예수가
   하나님의 아들이시며 세상의 구원자이심을 믿습니다.
   그리스도 안에, 오직 그분 안에만 생명이 있음을 믿습니다.
   오늘 이 구원의 방법을 그대로 받아들이고
   내 영혼을 당신께 의탁합니다.
   그리스도를 통해 당신과 화해하게 되었음을 받아들이고
   당신을 그분 안에서
   내 하나님으로 받아들이기로 언약합니다.
   당신이 미워하시는 모든 것을 끊어 내기를 바라며
   나 자신과 내가 가진 모든 것을 당신께 맡깁니다.

오늘 당신이 제안하신 평화와
당신과의 언약을 받아들이기로
맹세하고 서약합니다.

오 아버지, 당신께 영광을 돌립니다.
이런 구원을 고안해 내시고
그것을 성취하시기 위해 당신 아들을 주셨습니다.

그리스도 예수께 영광을 돌립니다.
그리스도는 그토록 값진 대가로 나의 화해를 사셨고
그분 안에서 나는 더 이상 대적이나 이방인이 아닙니다.

성령께 영광을 돌립니다.
내가 나를 파괴하고 있을 때 경고하셨고
내 악한 마음이 그분과 사랑에 빠지도록 설득하셨습니다.

이제, 내 영혼과 마음과 지성과 온 존재로
할 수 있는 최선을 다해
오늘 내가 한 선택을 받아들입니다.
   이제부터 나는 내 것이 아니라
   당신의 것이라고 결심합니다.
이 거래에 당신이 동의하셨음이
성경에 기록되어 있기에
새로운 조치는 필요 없습니다.

당신이 제시하신 조건대로 제안을 받아들였으니
이제부터 선한 것을 기다리고
종국에는 당신의 구원을 기다리겠습니다.

당신은 신실하시니
내 방식대로 살면서 한 잘못들을 용서하소서.
내 사랑하는 주 예수여,
내가 유일하게 용서를 구할 수 있는 분이시여,
나를 받아주소서.

윌리엄 거스리(William Guthrie)

봉헌의 기도

26. 나를 맡깁니다

오늘, 엄숙함으로, 당신께 나를 맡깁니다.
나를 다스리던 이전 주인들을 거부합니다.

그리고 당신께
내 온 존재와 내 모든 소유를 성별하여 드립니다.
   내 마음의 모든 생각과
     내 몸의 모든 지체와
       내 모든 세상의 소유와
         내 시간과
           다른 사람에게 미치는 내 모든 영향력을
당신께 드립니다.

이 모든 것이 당신의 영광을 위해 온전히 쓰이게 하소서.
결연히 당신의 명령대로 사용하겠습니다.
   늘 깨어 있어
     당신의 뜻을 가장 먼저 알아차리고
       그 뜻을 즉시 실행하기 위해
   열정과 기쁨으로 행동할 준비를 하겠습니다.

당신의 지시에 따라 내 모든 존재와 모든 소유가
사용되도록 나를 내어 드립니다.
 당신의 무한한 지혜 안에서
  당신의 영광이라는 목적에
   가장 적합하다고 판단되는 방식으로
 사용되게 하소서.

당신께 모든 행사를 맡깁니다.
그리고 주저함 없이 말합니다.
   "내 뜻대로 하지 마시고 당신의 뜻대로 하소서."

필립 도드리지(Philip Doddridge)

27. 순종하는 행복

오 하나님, 당신은 우리를 다스리시고 심판하시는
전능하신 우리 왕이십니다.
　당신께 순종하고 당신을 기쁘시게 하는 것이
　우리의 의무이자 행복입니다.
그러니 우리 영혼과 육체가
　당신께 온전히 복종하는 데 힘쓰게 하시고
　　정성을 다해 정확하게 당신의 뜻에 순종하는 것이
　　　우리의 기쁨이자 일이 되게 하소서.

우리의 순종이 단순히 개념적인 것이 아니라
　실제적이게 하소서.
우리의 순종이 깊이 뿌리를 내려
　흔들리지 않게 하소서.
우리의 순종이 지속적이고
　일관되게 하소서.
우리의 순종이 당신의 모든 법을 존중하여
　보편적이게 하소서.
우리의 순종이 유혹을 이겨 내는
　결연하고 강력한 것이 되게 하소서.

당신을 최고의 왕으로 높이게 하소서.
당신을 대항할 어떤 권위도,
당신께 속하지 않은 어떤 권위도 없습니다.
    우리의 순종이 자발적이고 유쾌하고 즐거운 것이 되게 하소서.
    힘을 다해 당신께 순종하는 것이 우리의 기쁨이 되게 하소서.

순종이 우리에게 어려운 것이긴 하지만
너무나 당연하고 필요하고 좋은 것입니다.
    우리가 볼 때
    우리는 자신을 다스릴 능력도 없고
    다스리기에 합당하지도 않습니다.
    우리는 아무것도 보지 못하고 무지합니다.
    우리의 오류에 빠진 의지는 편파적입니다.
    우리의 열정은 사납습니다.
그래서 우리 자신을 보호할 수도 없고
상급을 줄 수도 없습니다.
이 세상에서 우리가 두려워해야 할 것은 다름 아닌
    우리의 죄를 따라
        고집스러운 마음 그대로 있는 것입니다.

하지만 당신은 무엇이 최선인지 아시는
    완벽한 지혜이십니다.
당신은 완벽히 선하시기에
    당신의 율법에는 악이 전혀 없습니다.

당신은 전능하시기에
　당신의 백성을 보호하십니다.
당신은 가장 정의로우시기에
　절대 잘못을 하실 수 없습니다.
당신은 무한히 완벽하시기에
　불의한 방법을 사용하지 않으십니다.
당신은 스스로 충분한 분이시기에
　거짓말하거나 속이실 필요가 없습니다.
당신은 우리의 유익 외에 어떤 것에도 관심이 없으시기에
　우리의 목적이시고
　　우리의 관심이시고
　　　우리의 행복이십니다.

당신은 우리의 가장 친한 친구이시며 아버지이십니다.
　당신은 우리가 우리 자신을 사랑하는 것보다
　우리를 더 사랑하십니다.
그래서 우리에게는 당신을 확실하게 신뢰할 이유가 넘쳐 납니다.
　당신이 우리를 축복하기 위해 우리를 다스리시니
　당신을 즐거이 기쁘게 따릅니다.

리처드 백스터(Richard Baxter)

28. 거룩한 불

사랑하는 주님,
우리의 순종이 자유롭고 즐거운 것이 되게 하소서.
비록 우리의 섬김이 연약할지라도
자발적인 것이 되게 하소서.
즐거이 섬겨서
우리의 의무를 다하는 것이
사랑 때문임을 보이게 하소서.

우리의 순종이 독실하고 열정적이게 하소서.
당신을 섬김이 뜨거운 열정이 되어
우리 마음에 넘쳐 나게 하소서.
우리의 열정이
희생 제물을 태우는 불꽃이 되게 하소서.

우리의 순종이 넓어지게 하소서.
혈관 속 피처럼
우리의 의무들을 통해 흘러
당신의 모든 명령에 닿게 하소서.

우리의 순종이 진지하게 하소서.
양심을 편하게 하거나 박수를 받기 위한 순종이 아니라
당신을 더욱 닮아
당신께 영광을 돌리기 위한 순종이 되게 하소서.

우리의 순종이 지속적이게 하소서.
늘 타오르고 있던
제단 위 불처럼
고난을 만나도 계속되게 하소서.

우리의 순종이 그리스도 안에서, 그리스도를 통해
예배의 모든 부분에서 드러나게 하소서.
우리 믿음의 팔로
그리스도를 다시 당신께 돌려드리게 하소서.

거룩한 사랑으로,
애정 속에 타오르는 거룩한 불로
당신을 사랑하게 하소서.
우리의 최고의 선으로 당신을 강력히 따르게 하소서.

당신의 영이 우리를 비추사 우리로 이해하게 하소서.
당신의 지혜와 거룩함과
자비의 아름다움을 드러내셔서
당신을 사랑하게 하소서.

당신을 향한 우리의 사랑 안에서
당신과 하나 되기를 바라게 하소서.
당신과 우리를 분리하는 죄를 미워하게 하소서.
당신을 근심하게 하는 것들을 우리도 근심하게 하소서.

다른 이들에게 당신이 얼마나 좋은 분이신지
열심히 알리게 하소서.
당신을 위해 기꺼이 일하고 고난받게 하소서.
당신의 명령에 동의하고
당신의 뜻에 복종하게 하소서.

당신에게는 우리의 사랑이 필요하지 않지만,
사랑하시기에 그 사랑을 찾으십니다.
주님, 우리에게 당신을 사랑하는 마음을 주소서.
당신을 더 많이 사랑하지 않는 것이
우리에게는 슬픔이기 때문입니다.

토머스 왓슨(Thomas Watson)

29. 낮추소서, 낮추소서

주 하나님, 나를 낮추소서.
당신을 위하여 나의 돛을 낮추소서.
낮추소서, 천국의 문은 낮으니 낮추소서.
나의 부패한 본성을 거칠게 다루어
 내가 거룩해지고
  그리스도의 발 앞에 엎드리게 하소서.
요란하게 치장한 퇴색해 가는 이 세상을 좇아 마음 졸이는 것과
 세상의 소망과 세속적인 사랑과
  쾌락과 고집을 내려놓고
그리스도가 이 모든 것을 짓밟으시는 것에 만족하게 하소서.

오라, 내 영혼아, 그리스도께로 오라.
내가 원하는 것을 보고 그분 안에서 그것을 찾으라.
그분은 내 모든 짐을 벗어나게 하신다.
천사들의 말, 심지어 천사들의 세상도
그분을 있는 그대로 그려 낼 수 없었다.
오, 가장 높은 하늘만큼 넓은 영혼이
 그의 사랑을 담을 수 있기를,
오 세상의 경이로움이여!

오, 내 영혼이
    그분의 향기로운 사랑 안에 머물 수만 있다면!
오, 하지만 그리스도의 사랑이라는
    자유로운 세상이 오려면 아직 얼마나 먼가!
오, 천국, 새로운 낙원의 아름다운 과수원은
    얼마나 놀라운 모습일까!
들판 가득 핀 꽃과 영원히 푸른 생명나무를 보고
냄새를 맡고 만지고 입맞춤하는 것은 얼마나 놀라운 광경일까!

주님, 나의 사랑이 너무 녹슨 것을 용서하소서.
혐오스러운 것들을 사랑하느라
나의 사랑을 낭비한 것을 용서하소서.
        내게 화가 있도다.
        탐이 난다고 그리스도가 없는,
        그리스도와 분리된 것들을 좇는
        바보들의 천국을 찾아다니며
        죄가 너무나 많은 것을 망가뜨렸구나.
그리스도, 그리스도, 오직 그리스도만이
우리 사랑의 타오르는 나른함을 식힐 수 있다.
오, 목마른 사랑이여, 생명의 샘이신 그리스도를
    너의 머리에 모시고 마음껏 마셔라.
        그리스도를 마시고 그리스도로 취하라!

새뮤얼 러더퍼드(Samuel Rutherford)

30. 내 언약의 친구

오, 지극히 거룩하신 하나님,
당신의 무한한 은혜로
내가 온 마음을 다해 당신께로 돌아온다면
그리스도 안에서 나에게
자비를 베풀겠다고 약속하셨습니다.
그래서 당신의 복음의 부르심을 따라
당신의 자비에 복종하러 나아옵니다.

이제 내 마음 깊은 곳으로부터 당신과 언약을 맺습니다.
   그것이 어떤 것이든 알려진 죄에 가담하지 않고
   내 부패함의 죽음과 파멸을 위해
   당신이 주신 모든 수단을 사용하겠습니다.
   이전에는 지나치게 맹목적으로 세상을 사랑했지만
   이제는 당신께 나를 드립니다.

당신의 영광스러운 위엄 앞에
이것이 내 마음의 확고한 결단임을 겸손히 선언합니다.
나 자신의 의는 더러운 누더기와 같기에
나 자신에 대한 모든 확신을 저버립니다.

오로지 당신의 은혜와 도움을 간절히 바라오니
나의 이 결단을 실천할 수 있게 해주소서.
모든 죄의 길을 버리게 하소서.
죄의 유혹이 내 마음을 당신에게서 멀어지게 하지 못하도록
경계하게 하소서.

엄숙히 당신 앞에 무릎 꿇은 이 날을
천지에 새기오니
   성부, 성자, 성령이시여,
    나의 몫이 되어 주시고 내 최고의 선이 되어 주소서.
당신의 종이 되기 위해 몸과 영혼을 바칩니다.
내 평생에 거룩함과 의로
당신을 섬기기로 약속하고 맹세합니다.

당신의 거룩한 율법을 내게 주기를 기뻐하셨으니
결연히 그것을 받아
나의 말과 생각과 행동의 규율로 삼겠습니다.
내 육체가 모순되고 반역할지라도
내 삶이 당신의 인도하심에 따르도록 힘을 다하겠습니다.

성부 하나님, 당신께 영광을 돌립니다.
 당신은 철저히 실패한 죄인들을 그토록 회복시키셨습니다.
성자 하나님, 당신께 영광을 돌립니다.
 당신은 나를 사랑하셔서 당신의 피로 씻겨 주셨습니다.

성령 하나님, 당신께 영광을 돌립니다.
　당신의 능력이 내 마음을 죄에서 하나님께로 돌이켰습니다.

오, 높으시고 거룩하신 여호와, 전능하신 주 하나님,
당신은 내 언약의 친구가 되셨고
나는 당신의 언약의 종이 되었습니다.
이 땅에서 맺은 언약이
천국에서 승인되기를 바라나이다.
　　　　아멘, 그렇게 될 줄 믿습니다.

조셉 얼라인(Joseph Alleine)

시험당할 때 드리는 기도

31. 영혼을 채우는 충만함

주 예수님, 당신만큼 내 마음을 만족시키시는 분은 없습니다.
    당신은 제시간에, 정확하게, 직접적으로
    내 영혼의 필요를 채우시고
    내 영혼의 요구를 만족시키시고
    내 영혼의 바람들을 이뤄 주시고
    내 영혼의 기도에 응답하십니다.
당신 안에서 찾을 수 없는 것은
어떤 것도 구하지 않게 하시고 바라지도 않게 하소서.
    당신 안에는 영혼을 깨우치는 빛이
    영혼을 위로하는 지혜가
    영혼을 지지하는 능력이
    영혼을 지탱해 주는 선함이
    영혼을 용서하는 자비가
    영혼을 기쁘게 하는 아름다움이
    영혼을 풍요롭게 하는 영광이
    영혼을 채우는 충만함이 있기 때문입니다.
아픈 자에게는 건강이
    가난한 자에게는 부유함이
        배고픈 자에게는 빵이

목마른 자에게는 마실 물이

　　　　헐벗은 자에게는 옷이

　　　　　상처 입은 자에게는 치료약이

　　　　　가슴 아픈 자에게는 위로가

　　　　　정죄 받은 자에게는 용서가

　　　　　　눈먼 자에게는 인도함이 가장 필요하듯이

우리의 모든 필요, 나의 모든 필요에 가장 적합한 것은 당신입니다.

이 땅의 것들은 불멸하는 우리의 영혼을 만족시킬 수 없습니다.

우리의 영혼은 당신의 영의 호흡이고

　　인간의 아름다움이고

　　　천사가 경탄하는 것이고

　　　사탄이 부러워하는 것이기 때문입니다.

그러니 당신말고 우리 영혼에 어울리는 것은 아무것도 없습니다.

당신 이외에 우리 영혼을 만족시킬 수 있는 것도 없습니다.

　　우리 영혼은 너무나 존귀하고 고결하기에

　　아무리 큰 다이아몬드도 황금의 산도

　　그것을 채울 수 없고 만족시킬 수 없고 어울리지 않습니다.

　　　　우리에게는 더 높은 선,

　　　　더 적합한 몫,

　　　　더 훌륭한 보물이 필요합니다.

그리고 당신만이 그 몫입니다.

그러니 내가 온 마음을 다해 당신을 구하게 하소서.

토머스 브룩스(Thomas Brooks)

32. 천국을 보게 하소서

내 눈이 천국을 보게 하셔서
   내 마음에 죄가 힘을 쓰지 못하게 하소서.
믿음이 내 소망을 굳건하게 하여
   부패함이 발붙이지 못하게 하소서.
죄의 즐거움을 멀리하고
   당신의 오른편에 서는 즐거움을 알게 하소서.
그리스도가 내게 불편한 금욕 생활을 요구하실 때
   천국에서 그 모든 것을 보상받을 것을 알게 하소서.
사탄이 당신을 섬기는 일에 게으르게 할 때
   믿음으로 현재의 고난이 짧음을 보게 하소서.
천국을 알고 미리 맛봄으로 인해 마음에 강한 확신이 생겨
   어떤 세상적인 이유로도
   나의 영적인 목적이 변하거나 약해지지 않게 하소서.
사탄이 더러움과 불결함으로 유혹할 때
   믿음으로 흠 없고 티 없는 어린양의
   동반자가 되려는 소망을 붙들게 하소서.
세상의 유익을 위해 의무를 소홀히 하려는 유혹이 들 때
   내가 받을 유산의 영광,
     새 예루살렘의 풍요로움,

내 지극히 높은 부르심의 소망과

  새 언약의 좋은 보물을 믿음으로 바라보게 하소서.

세상의 명예를 좇고 싶은 유혹이 들 때

 믿음이 제안하는 의의 면류관을 보게 하소서.

십자가 앞에서 망설이려는 유혹을 받을 때

 그 길이 비록 험해도

 그 길의 끝은 행복임을 믿음으로 확신하게 하소서.

당신의 약속이 마음의 강심제(强心劑)가 되어

 독이 내 영혼에 퍼지지 못하게 하시고

 내 영혼이 거룩한 관대함과 용기 안에 거하게 하소서.

당신의 약속은

 예수 그리스도의 마음에서 흘러나오는 즐거움을 알게 하고

 당신과 영원히 누리게 될 만족을 알게 해주기 때문입니다.

믿음으로 숨겨진 것을 보게 하시고

 천상의 기쁨에 마음을 두게 하시고

 복된 소망을 힘써 품게 하소서.

믿음으로 천국이 내 마음에 임하게 하시고

 영적 묵상을 통해 내 마음이 천국에 거하게 하소서.

믿음으로 저 구름 위를 보게 하시고

 다가올 세상을 보게 하소서.

토머스 맨턴(Thomas Manton)

33. 강한 성

주님, 나는 유혹에 시달리고
　　욕망에 들볶입니다.
당신이 용서하지 않으시면
　　나는 저주받습니다.
당신이 막아 주지 않으시면
　　나는 매이게 됩니다.

그리스도를 위해
　　나를 당신의 사랑의 품에 안아 주소서.
당신의 영원한 능력의 팔로
　　나를 안아 주소서.

나 자신이나 다른 이에게는
　　확신이 없습니다.
당신의 손에
　　나의 명분과 나 자신을 드립니다.
당신의 전능하심으로
　　나를 변호하소서.

앞에 있는 소망을 얻으려고
　피난처를 찾은 우리는
　　큰 안위를 받을 수 있다고
　　　당신이 직접 맹세하셨습니다.
이 맹세에 힘입어
　담대하게 당신께로 피할 때
　　나를 환영하실 것을 기대합니다.

당신은 당신의 이름과 약속을
　강한 성으로 세우셨습니다.
나를 위해 그리스도가 천국에 계심을 확신하고
　그분의 중재를 확신하오니
　　당신의 전력을 모아 나를 보호하기 위해
　　싸워 주시기를 간구합니다.

윌리엄 거널(William Gurnall)

34. 죄의 본색

주 하나님,
사탄이 미끼를 던질 때
   우리가 그 갈고리를 보게 하소서.
사탄이 금잔을 내놓을 때
   그 안에 든 독을 보게 하소서.
사탄이 죄의 달콤한 쾌락을 제시할 때
   그 뒤에 따를 비참함을 보게 하소서.
사탄이 죄에 굴복하여 얻는 이익을 제시할 때
   죄를 지어 받게 될 진노를 보게 하소서.
사탄이 명예와 이득을 약속할 때
   그가 가져올 수치와 손실을 볼 수 있는 눈을 주소서.
우리의 결심을 강하게 하셔서
   죄와 최대한 멀리 떨어지게 하시고
   사탄이 내민 황금 미끼를 물지 않게 하소서.

죄에 떨며 멀리하게 하소서.
죄가 쓰디쓴 사탕이라는 것을 볼 수 있는 눈을 주소서.
   그 달콤함은 속히 사라지고
   수치와 슬픔과 공포와 두려움은 사라지지 않습니다.

생명보다 더 나은 하나님의 호의,
　　말로 다 할 수 없고 영광으로 가득한 기쁨,
　　　　우리의 머리로는 이해할 수 없는 평화를
　　　　　　잃을까 두려워하게 하소서.
하나님이 주신 이 선물들은
　　우리의 영혼을 소생시키고 일으켜 세우며 즐거워하게 합니다.

사탄이 죄를 미덕의 색깔로 칠하고
　　교만을 정결함과 단정함이라고 부르고
　　탐욕을 훌륭한 관리라고 부르고
　　술 취함을 좋은 친구라고 부르고
　　자기 통제의 부족함을 자유라고 부르고
　　방탕한 삶을 젊은이의 특권이라고 부른다는 것을
보게 도와주소서.
죄의 속임수를 꿰뚫어 보게 도와주소서.
언젠가 우리가 보게 될 그 모습으로 죄를 보게 도와주소서.
　　한때는 달콤해 보이던 것이 가장 쓰라린 모습이 되고
　　한때는 아름다워 보이던 것이 가장 추한 모습이 되고
　　한때는 즐거워 보이던 것이 가장 끔찍한 모습이 될 것입니다.

은혜가 풍성하신 아버지시여,
　　우리 죄의 진정한 대가를 계산하게 하소서.
그 대가는 우리 주 예수님의 가장 소중한 피,
　　가장 고귀한 피, 생명의 피, 심장의 피입니다.

유혹받을 때 이 진리들을 우리 마음에 새겨 주소서.
그것은 그리스도가 하나님과 함께 계시다가
슬픔과 죽음 가운데로 오셨다는 것과
하나님이 육신으로 나타나셔야 했다는 것과
영광으로 옷 입으셨던 분이 누더기를 걸치셨다는 것과
하늘을 영광으로 가득 채우셨던 분이 구유에 태어나셨다는 것과
율법의 주인이신 하나님이 율법에 복종하셨다는 것과
만유의 충만함이신 분이 배고픔과 목마름을 경험하셨다는 것과
능력의 하나님이 지치셨다는 것과
세상 모든 존재의 심판자이신 분이 정죄를 받으셨다는 것과
생명의 하나님이 죽음에 처하셨다는 것과
가장 아름다운 얼굴을 가지신 분이 침 뱉음을 당하셨다는 것과
천국의 홀을 쥐신 손이 십자가에 못 박히셨다는 것과
태양보다 밝으신 눈이 죽음의 어둠에 의해 감기셨다는 것입니다.

그분의 모든 감각은 더욱 고통스러우셨겠지요.
창과 못에 찔린 그분의 촉각,
죽음의 냄새를 맡은 그분의 후각,
식초와 쓸개를 맛본 그분의 미각,
비난의 말들을 들은 그분의 청각,
그분을 보며 애통해하는 어머니를 본 그분의 시각,
위로받지 못하고 버림받은 그분의 영혼,
이 모든 것은 사탄이 멋진 색으로 꾸민
바로 그 죄들로 인한 것입니다!

오, 이런 것들을 생각하며
　　우리 영혼이 죄를 거부하게 하소서.
　　　유혹에서 달아나
　　　　모든 거룩한 수단을 동원하여
　　　　　유혹을 진압하고 파괴하게 하소서.
십자가에 못 박히신 그리스도에 대한 생각이
　　우리 마음에서 떠나지 않게 하소서.
그 생각이 우리의 음식과 음료가 되고
　　우리의 달콤함과 위로가 되고
　　　우리의 사랑과 바람이 되고
　　　　우리의 삶과 죽음, 부활이 되게 하소서.

토머스 브룩스(Thomas Brooks)

35. 신의 보호

복되신 주님, 당신의 전능한 능력으로 달려가 피합니다.
    어려움과 위험에 둘러싸인 나를 보시고
    당신의 무소불능한 팔을 펴서 구하소서.
오늘 나는 엄숙히 당신의 보호 아래 나 자신을 맡깁니다.
    나를 위해 당신의 능력을 써 주소서.
당신의 날개 그늘을 나의 피난처로 삼게 하소서.
    당신의 은혜를 풍족히 내려 주시고
    내 연약함 안에서 당신의 능력이 완전해지게 하소서.

오, 나의 마음에서 부패한 생각들을 제하소서.
    내 마음은 잠깐의 유혹에도
    다른 시각으로 사물을 보려 하고
    나를 대적의 손에 넘겨주고 맙니다!
오 주님, 나의 믿음을 굳세게 하시고 소망을 더욱 붙들게 하소서!
    천국으로 가는 길을 가로막는 모든 것을 반대할
    영웅적 결단을 하게 하시고
    이 땅과 지옥의 모든 공격에
    정면으로 맞서게 하소서.

죄인들이 꾀어도 끌려가지 않게 하소서.
  죄인들이 모욕해도 괘념치 않게 하소서.
    죄인들이 위협해도 두려워하지 않게 하소서.
오히려 거룩하고 불타오르는 열정,
  그러나 신중하고 잘 통제된 열정으로,
  종교를 조롱하는 가장 불경스러운 자들을 상대로
  당신의 대의를 주장하는 것을 부끄러워하지 않게 하소서!

오 주님, 지금 그리고 영원히 나를 지켜 주소서!
나이가 어떻든 지위가 어떠하든
  내가 당신 없이 싸움을 계속할 만큼
  충분히 강하다고 생각하지 않게 하소서.
내가 당신도 도울 수 없을 만큼
  약하다고 상상하지도 않게 하소서.
당신이 어디로 이끄시든 따라가게 하소서.
당신이 어느 곳에 두시든
  그곳에서 열심히 일하게 하소서.
그곳에서 내 구원의 모든 대적들을 대상으로
  거룩한 전쟁을 계속하게 하소서.

그리고 오, 영광스러운 구원자시여, 내 구원의 주권자시여,
내 믿음의 위대한 창시자이시자 완성자시여,
베드로처럼 내가 당신을 부인할 위험에 처할 때
  당신의 위엄과 온유함으로 나를 긍휼히 여기소서.

당신의 위엄과 온유함이 나를 넘어지지 않게 하시고
    넘어져도 속히 하나님과 나의 사명으로 회복시키게 하소서!
나의 실패들을 통해서도 나를 가르치소서.
        내가 행한 모든 잘못으로
        나를 더욱 겸손하게 낮추시고
        갑절로 더 성실하고 깨어 있는 자가 되게 하소서.

필립 도드리지(Philip Doddridge)

궁핍할 때 드리는 기도

36. 생명의 샘을 열어 주소서

"수고하고 무거운 짐 진 자들아 다 내게로 오라
내가 너희를 쉬게 하리라"(마 11:28).

주님, 나는 지쳤습니다.
셀 수 없는 내 죄들이 무겁습니다.
   주님, 당신이 자비로 나를 구원하지 않으시면
   당장에라도 지옥에 던져질 것 같습니다.
주님, 당신은 말씀으로 약속하시기를
피곤한 심령을 상쾌하게 하겠다고 하셨습니다.
주님, 내게 하신 약속을 지키소서.
당신에게서 평안함과 자비를 얻게 하소서.

"누구든지 목마르거든
내게로 와서 마시라"(요 7:37).

오, 자비로우신 주 하나님,
당신은 알파와 오메가, 시작과 끝이십니다.
당신이 아직 오지 않은 일에 대해 "다 이루었다."라고 말씀하시니
당신의 약속은 얼마나 신실하고 진실한지요.

당신은 당신의 입에서 나오는 말씀으로
목마른 자에게 생명수 샘물을 주겠다고 약속하십니다.
오 주님, 나는 목마르고, 정신이 혼미하고, 생기가 없습니다.
   한 방울의 자비를 간절히 원합니다.
     사슴이 시냇물을 찾기에 갈급함같이
        오 하나님, 내 영혼이 당신을 찾기에 갈급합니다.
내가 온 세상의 영광과 부와 즐거움과
만 개의 생명을 가졌다 해도,
   이 가련하고 떠는 영혼을
     나의 복된 구원자의 피 흘리는 팔에
       안기게 할 수만 있다면
         그것들을 기꺼이 포기하겠습니다.

오 주님, 내 영혼이 녹아 핏방울이 되고
내 마음은 갈기갈기 찢어집니다.
승냥이의 처소와 사망의 그늘에서 벗어나
내 무겁고 슬픈 생각들을 당신께 올려 드립니다.
         내 부패함을 떠올리니 영혼의 구토가 일어납니다.
         내 영혼은 지옥에 대한 생각으로 상처투성이입니다.
주님, 당신의 의로운 진노의 매서움과
내 양심의 불타는 듯한 고통이
내 마음을 녹여 형언할 수 없이 목마릅니다.
예수 그리스도, 그분의 용서와 은혜를 구하는 나의 욕망은
무덤처럼 탐욕스럽습니다.

내가 흙에서 뒹굴며
  당신 발 앞에서 떨고 있을 때
    내게 하신 약속을 지키소서.
      이제 약속하신 생명의 샘을 여셔서
        나로 마시게 하소서.
그렇지 않으면 나는 죽습니다.

아이작 앰브로즈(Isaac Ambrose)

37. 유일한 바위

주 하나님, 당신은 우리가 위험에 처했을 때
  안전히 쉴 수 있는 유일한 바위이십니다.
    어떤 상황에서든 우리 영혼을 잠잠하게 하고
    변함없이 머물게 하는 유일한 길이십니다.
죄가 우리 영혼을 불안하게 하지만
  당신은 당신의 영과 말씀으로 우리를 용서하십니다.
영원한 생명을 주시는 당신을 신뢰하게 하소서.
또한 이생에서도 우리에게 필요한 모든 것을
  주심을 신뢰하게 하소서.
영원한 생명을 주시는 사랑으로
  우리에게 일용할 양식을 주실 것이기 때문입니다.

곤경에 처했을 때 당신 안에서 응답받는 위로를 발견하게 하소서.
아플 때 우리의 건강이 되어 주소서.
나약할 때 우리의 힘이 되어 주소서.
죽을 때 우리의 생명이 되어 주소서.
당신은 반석이시고
  우리가 안전히 거할 성이시며
    위험할 때 우리를 지켜 줄 방패이십니다.

당신은 우리의 큰 상급이시고
　　우리에게 힘을 주는 양식이시며
　　　　온전한 위로를 주는 영이십니다.
당신 안에서 모든 질병이 치유되고
　　당신의 말씀은 모든 문제를 해결합니다.
그러니 당신을 신뢰하게 하시고
　　우리 영혼이 잠잠하게 하소서.
모든 존재가
　　땅의 중심으로 이끌리듯
　　　　우리 영혼이
　　　　　　당신께 이끌리고
　　　　　　　　당신 안에서
　　　　　　　　　　참 쉼을 누리게 하소서.

당신의 약속과 당신의 본성을 믿는
　　진정한 믿음을 주셔서
　　우리 영혼이 강건해지게 하소서.
마치 하늘에 계신 아버지가 없거나
　　이 땅에서 어떤 공급도 받지 못한 것처럼
　　불안하고 불만족스러운 삶을 사는
　　수치를 겪지 않게 하소서.
당신은 풍성한 약속을 주신
　　무한하신 하나님이시며
　　우리는 그 부유한 구원자를 가졌기 때문입니다.

지금은 우리가 낙심하고 마음이 무거워도
  당신은 당신의 백성을
    그들의 모든 죄악에서 구원하실 것이고
    그들의 모든 문제에서 건지실 것이기에
   우리로 하여금 안심하게 하소서.
교회는 구원받아야 하고 바벨은 무너져야 합니다.

리처드 십스(Richard Sibbes)

38. 고통 속에 있는 축복

주님, 당신을 축복하고 당신께 감사드립니다.
  당신의 자비 아래 있을 때나 비참함 가운데 있을 때나,
  당신이 웃으실 때나 인상을 찌푸리시는 것 같은 때나,
  당신이 주실 때나 취하실 때나.
내게 닥친 모든 일들 속에서
  모든 부차적인 원인들을 헤치고 당신의 손을 보게 하소서.

그리고 이렇게 다정하게 노래하게 하소서.
  "주신 이도 여호와시요 거두신 이도 여호와시오니
  여호와의 이름이 찬송을 받으실지니이다."
내 영혼을 겸손하게 하사 이렇게 고백하게 하소서.
  "내가 어둠 속에 있는 것이 당신의 뜻이라면
  당신을 축복하겠습니다.
  내가 다시 빛 가운데 있는 것이 당신의 뜻이라면
  당신을 축복하겠습니다.
  당신이 나를 위로하신다면 당신을 축복하겠습니다.
  당신이 나를 괴롭게 하신다면 당신을 축복하겠습니다.
  당신이 나를 가난하게 하신다면 당신을 축복하겠습니다.
  당신이 나를 부유하게 하신다면, 당신을 축복하겠습니다."

기도하오니, 내 영혼을 겸손하게 하사
　　가장 쓴 잔의 바닥에 있는
　　　　설탕을 속히 보게 하소서.
당신의 쟁기요,
　　당신의 가지 치는 칼이요,
　　　　당신의 비누로서
　　　　　　고난을 받게 하소서.
주님, 당신을 축복하고
　　당신의 홀에 입맞춥니다.

토머스 브룩스(Thomas Brooks)

39. 고난을 통해 알게 하소서

온유하신 아버지,
내가 당하는 고난을 통해
온전히 다 헤아리지는 못할지라도
    당신의 아들, 예수 그리스도가 당한 고난을
    조금이라도 알게 하소서.

인간의 분노가 그토록 강한가?
    그렇다면 하나님의 진노는 어떻겠는가?
    하나님의 진노는 하나님의 의로운 영혼을 불태우고
    겟세마네에서 온몸에 피를 흘리게 했다.

인간의 구타가 그토록 심한가?
    그렇다면 모든 뱀의 새끼들이
    그리스도의 발꿈치를 물고 있을 때
    사탄의 구타는 어떠했겠는가?

타오르는 열기가 그렇게 뜨거운가?
    그렇다면 지옥의 열기는
    얼마나 내 구세주의 영혼을 뜨겁게 했겠는가?

친구에게 버림받는 것이 가슴을 찌르는 고통인가?
　그렇다면 당신의 사랑하는 성자 하나님이
　그 아버지에게 버림받으시는 것은 어떻겠는가?

쇠사슬이 너무 무겁고
감옥은 너무 혐오스럽고
죽음은 너무 무시무시한가?
　그렇다면 천지를 지으신 이가
　　쇠사슬에 매여
　　　불의한 재판관들에게 이리저리 불려 다니고
　　　옥에 갇혀 구타당하고 저주받고
　　　　처형되는 것은 어떻겠는가?
　그분이
　　죄인들의 반박과
　　사탄의 분격과
　　　하나님의 진노를 참는 것은 어떻겠는가?

주 하나님, 당신을 축복합니다.
　내가 갇힌 곳은 지옥이 아닙니다.
　내가 당하는 열기는 지옥의 불꽃이 아닙니다.
　내 잔은 진노로 가득 차 있지 않습니다.
예수 그리스도로 인해 당신을 축복합니다.
　그분을 통해 나는 다가올 진노에서 구원받았습니다.

우리의 고난을 통해 천국을 여실히 보게 하소서.
   지친 자들에게는 천국이 쉼으로 나타나게 하소서.
   추방당한 자들에게는 천국이 본향으로 드러나게 하소서.
   조롱당한 자들에게는 천국이 영광으로 드러나게 하소서.
   갇힌 자들에게는 천국이 자유로 드러나게 하소서.
   배고픈 자들에게는 천국이 숨겨진 만나로 드러나게 하소서.
   목마른 자들에게는 천국이 생명의 샘으로 드러나게 하소서.
   슬퍼하는 자들에게는 천국이 충만한 기쁨으로 드러나게 하소서.

당신의 훈육으로 우리가 이 세상을 덜 동경하게 하소서.
   대신 천상의 위로가 얼마나 좋은 것인지 깨닫게 하소서.
   그래서 우리 영혼의 소원을 온전히 이루어 주소서.

토머스 케이스(Thomas Case)

40. 모든 좋은 것들

오 하나님, 당신은 모든 좋은 것이시고
   모든 선한 것이십니다.
당신은 자급자족하실 수 있으며, 홀로 충분하시며,
   모든 것을 충족시키실 수 있습니다.
당신에게는 부족함이 전혀 없습니다.
   모든 악에서 내 영혼을 보호하실 수 있고
   모든 좋은 것으로 채우실 수도 있습니다.

내가 야심이 있을 때
   당신은 영광의 보관이요 왕관이십니다.
내가 탐욕이 넘칠 때
   당신은 헤아릴 수 없는 풍성함이십니다.
   그렇습니다. 소진되지 않는 부와 의이십니다.
내가 욕망으로 가득 찰 때
   당신은 즐거움의 강이시요 기쁨의 충만함이십니다.
내가 배가 고플 때
   당신은 오래된 포도주와 좋은 고기가 있는 잔칫상이십니다.
내가 지쳐 있을 때
   당신은 쉼이십니다.

열기를 피할 그늘이시고
태풍을 피할 피난처이십니다.
내가 나약할 때
당신은 영원한 능력이 있는
주 여호와이십니다.
내가 의심이 들 때
당신은 놀라운 상담자이십니다.
내가 어둠에 있을 때
당신은 의의 태양, 영원한 빛이십니다.
내가 아플 때
당신은 나를 건강하게 하는 하나님이십니다.
내가 슬플 때
당신은 모든 위로의 하나님이십니다.
내가 절망 가운데 있을 때
당신의 이름은 내가 달려가 안전히 거할 수 있는
강한 성루이십니다.
내가 죽어 갈 때
당신은 생명의 샘이시요 생명의 주이십니다.

당신은 모든 질병을 고치는 만병통치약이십니다.
내가 어떤 재난을 당하든
당신은 그것을 제거하실 수 있고,
내 필요가 무엇이든
당신은 그것을 충족시키실 수 있습니다.

당신은 은, 금, 영예, 기쁨,
　양식, 의복, 집, 땅,
　　평화, 지혜, 능력, 아름다움,
　　　아버지, 어머니, 아내, 남편,
　　　　자비, 사랑, 은혜, 영광이시며
이 모든 것보다 무한히 더 귀하십니다.

조지 스윈녹(George Swinnock)

근심할 때 드리는 기도

41. 의

영원하신 아버지,
그리스도의 전가된 의, 이것이 나의 위안입니다.
이것이 내 모든 두려움과 의심과 반대에 대한 답입니다.

내가 당신을 어떻게 우러러보겠습니까?
    그리스도의 의 안에서입니다.
거룩하신 하나님, 내가 어떻게 당신과 교감할 수 있겠습니까?
    그리스도의 의 안에서입니다.
내가 어떻게 당신께 받아들여지겠습니까?
    그리스도의 의 안에서입니다.
내가 어떻게 죽겠습니까?
    그리스도의 의 안에서입니다.
내가 어떻게 심판대 앞에 서겠습니까?
    그리스도의 의 안에서입니다.

그러니 모든 유혹과 두려움과 갈등과 의심 속에서
나의 중재자이시며 보증인이시고
확실하고 유일한 길이신
그리스도와 그분의 고난을 기억하게 도와주소서.

그리스도시여, 당신은 나를 위해 죄가 되셨으니
당신은 나의 죄이십니다.
또한 당신은 나를 위해 저주가 되셨으니
당신은 나의 저주이십니다.
아니, 정확히 말하면,
    내가 당신의 죄이며, 당신은 나의 의이십니다.
    나는 당신의 저주이며, 당신은 내 축복이십니다.
    나는 당신의 죽음이고, 당신은 내 생명이십니다.
    나는 당신께 하나님의 진노이고,
    당신은 내게 하나님의 사랑이십니다.
    나는 당신의 지옥이고, 당신은 나의 천국이십니다.

아버지,
내 영혼이 그리스도를 생각하지 않고
내 죄와 당신의 진노를 생각하고
내 죄책과 당신의 정의를 생각한다면,
내 마음은 힘을 잃고 쓰러져 절망 가운데 가라앉습니다.
자비를 통해서만이 아니라 공의로도
내 모든 죄가 사함받았다는 것은
세상 그 어떤 것보다 귀한 진리입니다.

사탄과 내 양심은
많은 것을 나의 탓으로 돌릴지도 모릅니다.
내 죄가 얼마나 크고 깊은지 고발할지도 모릅니다.

하지만 한마디의 선한 말이
나를 지지하고 위로할 것입니다.
      바로 그리스도가
         모든 죄에서 우리를 구원하셨다는 말입니다.
그리스도의 의는
내 생명이고, 내 기쁨이고, 내 위안이고,
내 왕관이고, 내 확신이고, 내 천국이고,
내 모든 것입니다.

그러니 중보하시는 그리스도의 의에
내 눈을 고정하게 하소서.
그 의로 인해
내가 안전하고 평안하게 살 수 있고
행복하고 조용하게 죽을 수 있기 때문입니다.

토머스 브룩스(Thomas Brooks)

42. 이는 내 이름이라

"여호와께서 그의 앞으로 지나시며 선포하시되 여호와라 여호와라 자비롭고 은혜롭고 노하기를 더디 하고 인자와 진실이 많은 하나님이라 인자를 천대까지 베풀며 악과 과실과 죄를 용서하리라 그러나 벌을 면제하지는 아니하고 아버지의 악행을 자손 삼사 대까지 보응하리라"(출 34:6-7).

"기도하고 의무를 다해도 얻는 게 없습니다."라고 말하는가?

"안심해라. 내 이름은 주 여호와, 무에서 창조하는 자다." 주님이 말씀하신다.

"좋아요. 하지만 내 기도는 너무 약하고 내가 받는 유혹은 너무 강합니다." 당신이 대답한다.

"안심해라. 네가 받는 유혹이 아무리 강해도 나는 더 강하다. 내 이름은 전능한 하나님이기 때문이다." 주님이 말씀하신다.

"하지만 하나님이 나를 돕지 않으실 것 같아 두렵습니다."

"안심해라. 내 이름은 연민이다. 내 이름은 전능이기에 능히 도울 수 있으며, 내 이름은 자비이기에 기꺼이 도울 것이다." 주님이 말씀하신다.

"하지만 내게는 하나님이 도우실 만한 이유가 하나도 없습니다."

"안심해라. 내 이름은 은혜다. 너희가 선하기 때문이 아니라 내가 선하기에 자비를 베푸는 것이다. 네가 선한 일을 하기를 기다리는 것이 아니라 거저 주는 내 사랑으로 자비를 베풀 것이다. 내 이름은 은혜이기 때문이다." 주님이 말씀하신다.

"하지만 나는 너무나 오랫동안, 10년, 20년, 아니 30년이나 죄를 지어 왔습니다."

"안심해라. 내 이름은 노하길 더디 하는 자다." 주님이 말씀하신다.

"하지만 나는 많은 죄를 지었습니다. 셀 수도 없을 만큼 많은 죄를 지었습니다."

"안심해라. 너에게 죄가 많으냐? 나는 사랑이 많다. 나를 믿는 믿음을 저버렸느냐? 나는 가장 신실한 자다." 주님이 말씀하신다.

"하지만 주님은 아브라함과 모세와 같은 특별한 백성에게만 그렇게 하십니다."

"아브라함과 모세에게 나의 자비를 다 써 버린 것이 아니다. 나는 수천 년 동안 사랑을 지켜 오고 있다." 주님이 말씀하신다.

"하지만 나는 세상에서 가장 큰 죄인입니다. 온갖 죄를 저질렀고 내게는 소망이 없습니다."

"용기를 잃지 마라. 나는 악과 과실과 죄, 즉 본성적인 죄와 살면서 짓는 죄, 약해서 짓는 죄와 주제넘어서 짓는 죄, 몰라서 짓는 죄와 알면서도 짓는 죄를 용서하기 때문이다. 나는 이런 죄들을 용서한다. 이것이 영원한 내 이름이다." 주님이 말씀하신다.

"하지만 나는 이로 인해 방종하게 될까 두려워서 이 진리를 의심합니다."

"그렇게 말하지 마라. 나는 죄를 간과하지 않는다. 내 아들을 보낸 것은 정의가 행해지도록 하기 위해서였다. 하지만 내 이름을 알고 싶어 하는 가련하고, 지치고, 두려워하고, 떨고 있는 영혼이 있다면, 보라, 여기 내 이름이 있다. 주 여호와, 무에서 창조하는 이, 전능하고, 자비롭고, 은혜롭고, 사랑과 신실함이 넘치고, 인자를 천대까지 베풀고, 악과 과실과 죄를 용서하는 하나님이다. 이것이 영원한 내 이름이다." 주님이 말씀하신다.

윌리엄 브리지(William Bridge)

43. 그리스도가 전부이시다

영원하신 아버지,
우리 구원자 그리스도의 완벽하심과 완전하심으로 인해
당신을 찬양합니다.

"그리스도는 만유시요"(골 3:11).

그분은 알파와 오메가이시며
모든 것의 창시자이시자 완성자이십니다.
그리스도 안에서 우리의 모든 필요는 충분히 공급받습니다.
　위험을 막아 주시고
　　선을 공급하십니다.
우리는 어리석은 피조물이지만 그리스도는 지혜이십니다.
우리는 악하지만 그분은 의로우십니다.
우리는 오염되었지만 그분은 성결하십니다.
우리는 길을 잃고 실패했지만 그분 안에는 구원이 있습니다.
우리는 하나도 선한 것이 없지만
　그분은 우리의 현재의 안위와 미래의 소망이 흘러넘치는
　　마르지 않는 샘이십니다.

그리스도가 우리 죄를
온전히 깨끗하게 하시니 찬양합니다.
    그리스도는 정죄에서 우리를 자유하게 하셨을 뿐 아니라
    값을 주고 우리를 사서 자녀로 입양하셨습니다.

그리스도가 믿는 자들의 영혼을
온전히 채우시니 찬양합니다.
    그분은 천국을 우리 영혼으로 내려오게 하시고
    우리 영혼은 천국으로 올라가게 하십니다.

그리스도가 그분의 율법을
온전히 만족시키시니 찬양합니다.
    그리스도가 율법 만족시키기를 기뻐하지 않으셨다면
    그분의 말씀과 만찬은 빈껍데기였을 것입니다.
    그리스도는 모든 것을 채우시기에
    그분이 하시는 말씀은 귀뿐 아니라 가슴으로 들립니다.

그리스도가 모든 조건을
온전히 만족시키시니 찬양합니다.
    그분이 없는 최고의 조건은 진정한 좋은 것이 아니고
    그분과 함께하는 최악의 조건은 진정한 나쁜 것이 아닙니다.
    그분의 임재가 영광으로 하늘을 채우고
    그분의 임재가 달콤함으로 모든 조건을 채웁니다.

그리스도가 우리에게

인내할 힘을 주시니 찬양합니다.

   우리가 가진 힘으로는 안식할 수 없지만

   당신 덕분에

   당신의 영으로 인해

   우리가 지속적으로 얻는 은혜와 능력이 있기에

   당신께 감사합니다.

그러므로 그리스도가 우리의 전부이시며

그분 안에서 우리가 완전함으로 인해 당신을 찬양합니다.

윌리엄 휘태커(William Whitaker)

44. 그리스도가 중재하신다

"나는 이곳 세상에서 배척당합니다. 사람들은 늑대와 같습니다. 그들은 무정합니다. 그들은 나를 박해하고 욕설을 퍼붓습니다. 그래서 나는 온종일 죽습니다."

그리스도가 하늘에서 당신을 중재하시는데, 사람들의 배척이 무슨 문제가 되겠는가!
그리스도의 마음을 기억하라. 그분이 이 땅에서 사람들의 무자비함을 허용하시는 것은, 하늘을 우러러 그 위에 앉으신 분이 얼마나 자비로우신지 알게 하시려는 것이다.

"나는 유혹이 극심해서 기도할 수 없습니다. 하나님의 보물 창고를 열 수 없습니다. 아, 내 기도는 무미건조하고 영과 생명력이 없습니다."

그렇다면 당신의 연약함으로 인해 겸손하라. 하지만 이것을 알라. 당신이 기도할 수 없을 때 그리스도가 당신을 위해 기도하시고 당신이 기도할 수 있도록 도우신다는 것을.
기도할 때 당신의 영이 때로 확장되지 않았는가? 당신의 가슴이 따스해지지 않았는가?

그렇다면 이렇게 결론을 내리라. "위에 계신 나의 중재자가 나에게 이 선물을 보내 주셨다."

"하지만 나는 심한 부패함 속에서 허덕입니다! 사탄은 엄청나게 다망하며 종종 승리합니다. 내가 어떻게 죄를 이길 수 있을까요!"

그럴지도 모른다. 하지만 너무 절망하지는 마라. 예수 그리스도가 하나님 우편에 계시고 그분의 모든 대적이 그분의 발등상이 될 때까지 거기에 앉아 계실 것이기 때문이다.
당신의 죄도 그분의 대적이 아닌가? 그러니 안심하라. 그리스도가 승리하실 것이다. 그분은 당신이 악을 멀리하길 기도하신다.
그리고 분명 그분은 당신을 악에서 멀어지게 하거나 악을 이기게 하실 것이다. 그래서 결국에는 당신이 승리하도록 하실 것이다.

"오, 하지만 나는 고통스럽습니다. 나를 불쌍히 여기거나 눈여겨보는 이가 없습니다. 나를 위로할 이도 없고 내게 새 힘을 줄 이도 없습니다. 나는 그리스도 편에 서지만 아무도 내 편이 되어 주지 않습니다."

피 흘리는 그리스도인이여, 견뎌라. 그리스도의 중재가 충분한 답이 되지 않는가?
당신은 당신의 연약함만 불쌍히 여기는가? 하지만 예수 그리스도에게는 동정이 자연스러운 것임을 알라. 그분은 자비로운 대제사장이시기에 당신에게 자비로우실 수밖에 없다.

그리스도는 죄를 제외하고 모든 면에서 당신과 같았다. 당신이 궁핍하다면 그리스도도 그러하셨다. 당신이 박해받는다면 그리스도도 그러하셨다.

천국도 예수 그리스도의 중보만큼 마음을 사로잡는 아름다운 음악을 만들어 내지 못한다.

아이작 앰브로즈(Isaac Ambrose)

45. 그리스도의 직무에 호소하기

주 하나님,
믿음으로 그리스도가 하시는 일에 호소합니다.
그리스도는 나를 위해 기름 부음 받으시고, 왕관을 쓰시고,
   나를 다스리러 그분의 나라로 오시는 나의 왕이십니다.
그리스도는 성령으로 기름 부음 받으셔서
   나를 지도하시는 나의 선지자이십니다.
그리스도는 나를 위해 성별되셔서
   내 죄책을 해결하시는 나의 제사장이십니다.

그러므로 나는 확신합니다.
그분은 왕이시니 능력이 있으시고
   선지자시니 현명하시며
     제사장이시니 반드시 행하실 것입니다.
이것이 당신 앞에 올려 드리는 나의 호소입니다.
상상할 수 없을 만큼 강력한 호소입니다.

주 예수님,
이 일을 행하시는 것이 당신의 직무입니다.
나는 내 임무에 실패하고 신의를 지키지 못합니다.

하지만 하늘과 땅이 멸망하는 일이 있어도
　　나의 영광스러운 중재자이신 당신은
　　　　당신의 직무에 실패하지 않으십니다.
그래서 나는 믿습니다.

욕망이 들끓고 유혹이 강렬하고
은혜는 희미하고 하나님의 길은 달가워 보이지 않을 때
　　나의 왕이 되소서.

내가 무지하여 은혜의 수단이 부족하고
미혹될 위험이 있고 마음이 혼란스러울 때
　　나의 선지자가 되소서.

하나님의 진노와 내 죄책이 느껴질 때
　　나의 제사장이 되소서.
그리고 당신이 내 죗값을 치르셨음을
　　확신하게 하소서.

내 인격과 내 섬김이 죄로 오염되었음을 느낄 때
　　나의 제사장이 되소서.
그리고 당신의 중재가 언제나 승리함을
　　확신하게 하소서.

데이비드 클라크슨(David Clarkson)

아플 때 드리는 기도

46. 내 질병을 깨끗하게 하소서

사랑이 많으신 아버지, 당신의 복된 뜻이라면
이 질병을 내게서 제거해 주소서.
   이전처럼 건강하게 회복시켜 주셔서
   당신의 영광을 드러내며 더 오래 살게 하시고
   내게 의존하는 친구들에게 위로가 되게 하소서.
그러면 당신은 내가 지금까지 세속적으로 엉망으로 쓰던 시간을
얼마나 종교적으로 현명하게 사용하는지 보실 수 있을 것입니다.
이 고통과 질병에서 나를 구원해 주소서.
   오 주님, 구하옵나니, 당신의 신적인 섭리로
   좋은 의사이자 돕는 자에게로 나를 이끄소서.
이런 당신의 축복을 통해
내가 이전의 건강과 복락을 다시 회복하게 하소서.

그리고 좋으신 주님, 내게 이 질병을 주신 것처럼
당신의 성령을 내 마음에 보내셔서
지금 겪는 이 질병으로 나를 정결하게 해주소서.
   내가 이 질병을 통해
   나의 비참함의 크기와
   당신의 자비의 풍성함을 알게 하소서.

나의 비참함으로 겸손해지고
　　　당신의 자비로 위로받게 하소서.
나 자신을 믿는 모든 확신을 거부하고
모든 것을 충족시키는
당신의 공로만을 전적으로 신뢰합니다.

주님, 내가 얼마나 연약하고 불완전한지 당신은 아십니다.
나는 어려움과 환난 앞에서 본성상 화를 내며 뒤틀린 존재입니다.

오 주님, 모든 좋은 선물을 주는 분이시여,
내게 인내심을 주사
당신의 복된 뜻을 견디게 하소서.

내게 자비를 베푸사
내가 견딜 수 있는 이상의 고통을 주지 마소서.

내게 은혜를 베푸사
나를 찾아오는 이들에게
모든 인내와 사랑과 온순함으로 행하게 하소서.
　　　그들이 주는 모든 선한 조언과 위안을
　　　감사로 받고 기꺼이 포용하게 하소서.
　　　그들도 마찬가지로
　　　내 안에서 인내의 좋은 모범을 보게 하소서.
　　　내게서 거룩한 위로의 교훈들을 듣게 하소서.

그리하여 당신이 질병의 고통으로 그들을 방문하실 때
어떻게 행동해야 하는지 배우게 하소서.

그리고 당신이 잠깐 머무는 이생에서 나를 부르시면
당신 손에 나를 맡기고 거룩한 즐거움에 참여하겠습니다.
살든지 죽든지 당신의 뜻이 이루어질 것입니다.
다만 당신의 자비하심에 의지하여 간구하오니
내 죄를 용서하시고
진정한 믿음과 진실된 회개를 허락하소서.

루이스 베일리(Lewis Bayly)

47. 죽어 가는 그리스도인을 위하여

보이는 세상과 보이지 않는 세상의 최고 통치자시여,
삶과 죽음의 주관자시여,
당신의 이름을 높입니다.
내 죽어 가는 영혼을 당신께 쏟아붓습니다.
오 하나님, 당신의 자비로운 귀를 기울이사
내 울부짖음이 당신 앞에 상달되게 하소서.
당신이 나를 저 세상으로 이끄실 시간이 다가옵니다.
   기도하오니, 이 세상과 저 세상이 바뀔 때도
   하나님의 자녀로 남게 하소서.

은혜로우신 아버지, 감사로 당신의 선하심을 인정하지 않고는
이 세상을 작별하지 않겠습니다.
죽어 가는 숨을 몰아쉬며 당신의 신실한 보호를 증언합니다.
   나는 아무 부족함이 없었습니다.
다른 사람들을 통해 받았던 도움들로 인해 감사합니다.
또한 내가 다른 사람들의 영혼과 몸을 위해
도울 수 있었던 모든 기회로 인해 감사합니다.
당신이 내 식탁에 제공해 주셨던
유쾌한 즐거움들로 인해 감사합니다.

당신의 아들 예수님의 이름을 들은 것으로 인해 당신을 높입니다.
        예수님의 가르침과 모범,
            그분의 보혈과 그분의 의로 인해 당신을 높입니다.
또한 당신이 내게 주신 복된 성령으로 인해 당신을 높입니다.
            성령은 나의 죄악된 마음을 당신께로 돌이키게 하시고
            당신의 언약으로 나를 인도하셨습니다.
신실한 사역자들과 복음적 의식들로 인해 감사합니다.
주님의 식탁에서 나눈 성찬과
그로써 새로워진 것으로 인해 감사합니다.
당신의 말씀이 주시는 풍성한 약속들로 인해 감사합니다.
그 약속들이 이 싸늘한 시간에 내 마음을 따스하게 합니다.

오 하나님, 지금 나는 영원의 빛으로 사물들을 보면서
세상들의 경계에 서 있습니다.
당신의 천사들과 함께 거하기에 내가 얼마나 자격이 부족한지요.
비루하고 이로울 것이 없는 내 삶을 깊이 반성하며 되돌아봅니다.
매일 지옥에 던져질 수밖에 없는 삶을 살았습니다.
          하지만 내게 한 가지 위로가 있습니다.
          그리스도의 십자가로 달려가 피했다는 것입니다.
          그리고 지금 다시 그 사실에 매달립니다.
당신 앞에 나 자신의 의로 서는 것은
죽음보다 만 배는 더 좋지 않습니다.
주님, 나는 죄인으로 당신께 나아가지만
당신의 아들을 믿은 죄인으로 나아갑니다.

지옥의 사자가 나를 놀라게 하겠지만
기쁨으로 선한 목자의 손을 의지하여 나아갑니다.
그분의 신실한 보호를 기쁘게 의지하며
내 영적 대적들을 견디겠습니다.
내 눈과 마음을 죽었다가 다시 살아나신 분께 올려 드립니다.
  복되신 예수님, 당신 손안에서 죽사오니
   구원자의 손에서 해를 두려워하지 않습니다.
  주님, 기꺼이 즐겁게 나아갑니다.

이제 마지막으로 당신의 교회를 봅니다.
  오 주님, 내가 교회를 사랑했습니다.
겸손히 비오니, 교회를 지키시고 정결하게 하옵소서.

오, 나의 하늘 아버지시여,
나를 영원한 사랑의 날개에 태워
 당신의 자비로
  나를 위해 예비하시고
   내 구원자의 핏값으로 사신
    평화롭고 거룩하고 즐거운 집으로 데려가 주소서!
그리고 이 육체는 고통을 받을지라도
 내 영혼은 즐거이
  솟아오르는 영광을 응시하게 하소서.

필립 도드리지(Philip Doddridge)

48. 내 경주는 끝났다

자연이 나에게 호흡을 준 지
20년이 지나지 않았지만,
내 경주는 끝나 가고 있다. 내 실은 거의 다 자아졌다.
아, 여기 치명적인 죽음이 있다.

모든 인간은 죽어야 한다. 나도 그래야 한다.
이것은 취소될 수 없다.
아담을 위해 하나님이 그토록 노하시며
하신 말씀이다.

그러나 이생은 짧고 보잘것없지만
나는 최고의 축복을 누리며 살 것이다.
내가 갈망하던 모든 것을 소유할 것이다.
어떤 인생도 이와 같지 않으리.

모태에서 나온 후로
걱정과 갈등뿐인 이 삶은 어떠한가?
힘은 소진되고 시간은 쏜살같이 흘러
무덤에 이른다.

오, 물거품 같은 인생이여, 얼마나 빨리 지나가는가?
내뱉은 한마디 말처럼
늘 느닷없고
불쑥 나타났다 사라진다.

오, 살아 있는 동안
은혜를 베푸사 선한 일을 하게 하소서.
그러면 죽음을 가장 좋은 것으로 여길 것입니다.
그것이 당신의 결정이기 때문입니다.

엄청난 대가를 요구하소서.
구원을 확실히 하기 위해 아낄 것이 없습니다.
오, 고통이 따르더라도
순수한 수고를 통해 얻는 유익이 큽니다.

내 경주는 끝났다. 들판의 추수가 끝났다.
승리는 나의 것이다.
질투하는 원수여,
손실은 너의 것임을 영원히 기억하라.

앤 브래드스트리트(Anne Bradstreet)

49. 아픈 이를 방문할 때

오, 자비로운 아버지, 생명의 주관자시여,
우리는 당신에게서 어떤 복도 구할 자격이 없습니다.
그러나 당신의 명령에 순종하여
그리고 당신의 은혜로운 약속에 의지하여
감히 당신의 신적 위엄 앞에 사랑하는 형제자매를 위해 간구합니다.
  그들의 건강을 회복시켜 주시고
  그들의 생명을 연장시켜 주셔서
  우리 가운데 교제가 지속되기를 전심으로 기도합니다.
하지만 당신이 그들을 이 유한한 삶에서 불러내시면
우리의 뜻을 당신의 복된 뜻에 굴복하겠습니다.

예수 그리스도를 의지하여 겸손히 구합니다.
그들의 모든 죄를 사하여 주옵소서.
그들의 죄를 당신의 등 뒤로 던져 버리시고
 당신 앞에서 그들의 죄를 없애시고
  당신의 기억에서 그것들을 지워 버리시고
  그들의 책임으로 돌리지 마시고
   그리스도의 보혈로 그 죄들을 씻어 주셔서
    더 이상 보이지 않게 해주소서.

    우리 형제자매를 죄로 인한 심판에서 건져 주셔서
    그들의 양심이 힘들지 않게 하시고
    그들의 영혼이 심판받지 않게 하소서.
그들에게 예수 그리스도의 의를 전가하셔서
그들이 당신 보시기에 의롭게 하소서.

은혜의 눈으로 위에서 내려다보시고
당신의 상처 입은 종을 불쌍히 여기소서.
천상의 의사가 필요한 아픈 영혼이 여기 있습니다.
오 주님, 그들의 믿음을 크게 하셔서
그리스도가 그들을 위해 죽으셨음을 믿게 하시고
그분의 보혈이 그들을 모든 죄에서 깨끗하게 했음을 믿게 하소서.
그들의 고통을 덜어 주시고 그들로 더 잘 인내하게 하소서.
그들이 감당할 수 있는 것보다 더 많은 짐을 지우지 마소서.

    또한 당신이 그들을 이생에서 불러낼
    그 시간과 때가 다가올 때
    그들에게 은혜를 주셔서 평화롭고 기쁘게
    그들의 영혼을 당신의 자비로운 손에 의탁하게 하소서.
당신의 자비로 그들을 받아주시고
당신의 복된 천사들이 그들을 당신 편으로 옮기게 하소서.
그들의 마지막 시간이 그들의 최고의 시간이 되게 하시고
그들의 마지막 말이 그들의 최고의 말이 되게 하시고
그들의 마지막 생각이 그들의 최고의 생각이 되게 하소서.

또한 그들의 시력이 다할 때
그들을 받을 준비를 하신 하늘에 계신 그리스도를 보게 하소서.

우리가 그들을 보며 우리 자신의 유한함을 보도록 가르치소서.
우리의 마지막을 준비하는 데 신중하게 하소서.
　　　그러므로 주님, 우리 사랑하는 형제자매를
　　　당신의 영원한 자비와 은혜로 이끕니다.

루이스 베일리(Lewis Bayly)

50. 아픈 자들을 위하여

오 주님, 아픈 자들이 당신의 훈계를 멸시하지 않고
　　당신에게 꾸중 들을 때 정신을 잃지 않게 하소서.
　　　　삶과 죽음을 주관하시는 당신을 붙들게 하소서.
　　　　육신의 질병으로 그 마음만은 더 나아지게 하소서.
오 주님, 그들이 연약하니 그들에게 자비를 베푸소서.
주님, 그들의 뼈가 쑤시고
　　그들의 영혼도 아프니 그들을 치유하소서.
당신의 자비하심으로 그들을 구원하소서.
그들이 질 수 없는 짐을 지우지 마시고
　　당신이 그들에게 주신 짐을 감당할 수 있게 하소서.

영원하신 하나님, 그들의 피난처가 되어 주시고
　　당신의 영원하신 팔로 그들을 안으소서.
그들의 형편을 살피소서. 그들은 그저 한 줌 흙입니다.
오, 당신의 백성을 고난의 시간에서 건져 내소서.
　　　　당신의 얼굴을 그들에게 비추소서.
　　　　당신의 자비하심으로 그들을 구원하소서.

매튜 헨리(Matthew Henry)

교회를 위한 기도

51. 당신의 백성을 지키소서

오 아버지, 그들이 이 땅 어디에 살든지
당신의 온 교회에 자비를 베푸소서.
사탄과 세상과 적그리스도의
분노와 독재에서 그들을 지켜 주소서.

전 세계에 흩어져 있는 당신이 선택한 자들이 회심하도록
당신의 복음이 자유롭고 기쁜 소식이 되게 하소서.

우리가 살고 있는 교회와 왕국을 축복하셔서
평화와 정의와
진정한 종교가 지속되게 하소서.

이 땅의 목회자들과 재판관들이
진정한 종교와
정의와 순종과 침착함으로 그 백성을 다스리게 하소서.

몸이나 마음이 아픈 자들을 위로하소서.
당신의 진실하고 거룩한 복음을 간증한다는 이유로
박해받는 모든 이에게 호의를 베푸소서.

당신이 보시기에 가장 합당한 방식으로
모든 환난에서 그들을 은혜로 건져 주셔서
당신의 이름이 영광을 받고
진리가 더욱 멀리 퍼져 나가며
당신의 백성이 더욱 평안하게 하소서.

복되신 구세주여, 속히 오셔서
이 악한 날들을 끝내 주소서.

루이스 베일리(Lewis Bayly)

52. 논란이 일어날 때

주 하나님,
논쟁으로 인해 당신의 백성이 분열될 때
먼저 공공선을 생각하게 하시고
관용을 실천하게 하소서.

어느 한쪽에 열정적으로 편중되거나
평화를 지키는 자들을 나무라지 않게 하소서.
내가 이해할 수 있는 것 이상을 넘보지 않게 하시고
정통성이나 열정을 인정받으려고 하지 않게 하소서.
내 설익은 평가를 너무 확신하지 않게 하시고
스스로 명확하고 분명해질 때까지는
의견을 내세우지 않게 하소서.

분열을 일으키거나 도전하는 자들보다는
온건하고 평화를 위해 애쓰는 자들과 함께하게 하소서.
분열은 교회의 멸망을 이끌고
  복음을 막고
    진정한 종교적 관심사에 상처를 입히기 때문입니다.

기도하오니,

잘못된 길로 가지 않게 하소서.

격정이나 불만에 경도되지 않게 하소서.

세속적인 관심사에 빠지지 않게 하소서.

나의 의견을 너무 중요하게 생각하는

오류에 빠지지 않게 하소서.

나의 열정이

   나 자신의 의견보다는

      믿음과 관용과 연합을 위해 부어지게 하소서.

리처드 백스터(Richard Baxter)

53. 지도자들을 위한 기도

주님, 우리 교회를 정결하게 하시고 그 벽을 보수하셔서
    그리스도가 거니시고 즐기시는
    기쁨의 정원이 되게 하소서.
교회의 사역자들이 신실하고 지혜롭게 하소서.
신실하여 다른 사람을 속이지 않고
    지혜로워 자신을 속이지 않게 하소서.
지혜가 있어 속이는 자들이 틈타지 않으며
    신실하여 다른 사람을 위압하지 않게 하소서.
지혜로워 성도들을 위한 건강한 음식을 분별하고
    신실하여 성도들에게 건강한 음식을 먹이게 하소서.

우리의 지도자들이
    정결한 영적 목표와 의도를 갖게 하소서.
자신의 영광이나 이익이 아닌
    당신의 영광과 이익을 위해 섬기게 하소서.

우리의 지도자들이 진실하여
    속으로는 욕망이 가득하면서도
    겉으로는 영적인 척하지 않게 하소서.

우리의 지도자들이 성실하여
　수확하는 사람들처럼
　　해산하는 여인처럼
　　　전쟁 중인 군인들처럼
　다른 사람들이 자고 있을 때 깨어 있게 하소서.

우리의 지도자들이
　공정하신 하나님 앞에 서게 될 자들처럼
　편애가 없게 하소서.
부자들과 강한 자들과 권위 있는 자들에게 하듯
가장 가난하고 가장 약한 영혼도
　똑같이 보살피고
　　똑같이 사랑하고
　　　똑같이 일관되게 배려하도록 하소서.
모든 영혼이 당신의 생명책에서는 똑같이 평가되고
　우리의 구원자가 그들 모두를 위해
　똑같이 값을 치르셨기 때문입니다.

그들이 신실하여
　바른 목적에서 벗어나지 않고
그들이 지혜로워
　그 목적을 성취할 가장 좋은 수단을 얻게 하소서.
그들이 우리 영혼에
　훌륭한 지식의 기반을 놓게 하소서.

우리의 필요에 맞는 주제들을 선택하게 하시고
그들이 우리에게 말하는 언어를 만져 주시고
그들의 사랑이 우리를 움직이게 하시고
그들의 행동이 조심스럽게 하소서.
    그들이 수시로 무릎 꿇고
    그들이 이룬 모든 것이
    전적으로 당신이 주신 것임을 알아
    그들의 수고에 당신의 축복이 임하길 구하게 하소서.

존 플라벨(John Flavel)

54. 안식일 기도

오, 가장 높으신 주님, 영원하신 하나님이시여,
당신이 행하신 일은 영광스럽고
   당신의 생각은 깊습니다.
당신의 거룩한 안식일에 당신의 이름을 찬양하고
   당신의 사랑을 선포하는 것보다 더 좋은 것은 없습니다.

하늘에 계신 아버지,
당신의 아들 예수 그리스도가 하신 일을 통해
   내 모든 죄와 잘못을 용서하소서.

   [여기서 지난주에 지은 당신의 양심에 걸리는
   죄들을 고백하십시오.]

이 안식일이 내 죄악된 영혼과 당신의 신적인 위엄을 잇는
   화해의 날이 되게 하소서.
이 안식일이 당신께 드리는
   회개의 날이 되도록 은혜를 베푸소서.
또한 당신의 선하심으로
   이날이 내게는 용서의 날이 되도록 인치소서.

모든 거룩한 성도들과 함께
    당신의 집에서 당신의 임재 앞에 서오니
    선포되는 당신의 말씀을 통해 내게 말씀하소서.

내 죄가
    당신께 올려 드리는 기도를 가로막는
        구름이 되지 않게 하시고
            당신의 말씀이 내 영혼에 내리는 은혜를
                가로막지 못하게 하소서.

정직하고 좋은 마음으로 당신의 말씀을 듣게 하셔서
    잘 이해하고 지켜 행하게 하소서.
당신의 영광과 나의 영원한 위로를 위해
    인내함으로 열매 맺게 하소서.

졸지 않게 하시고
    생각이 산만해지지 않게 하소서.
내 기억력을 성결하게 하셔서
    잘 받아들이게 하시고
    확고하게 기억하게 하소서.

또한 성령의 도우심으로
    배운 교훈들을 실천하여
        바른 방향으로 나아가게 하시고

도움이 필요한 자들을 위로하게 하시며
　　　　삶을 고쳐 나가게 하시고
　　　　　당신의 이름을 영광스럽게 하도록 하소서.

오늘 내 마음 안에서
　　그 영원한 안식의 시작을 느끼게 하소서.
말로 다 할 수 없는 기쁨과 영광 속에서
　　성도들과 천사들과 함께
　　영원히 당신을 찬양하고 경배하며
　　누리게 될 그 안식을.

루이스 베일리(Lewis Bayly)

55. 당신의 백성을 구원하소서

오 주님, 당신의 백성을 구원하시고
당신의 산업에 복을 주소서.
그들의 목자가 되시어 영원토록 그들을 인도하소서.
당신의 백성에게 힘을 주시고
평강의 복을 주소서.
당신의 은혜를 방패처럼 그들에게 둘러 주소서.

(시 28:9; 29:11; 5:12)

그리스도를 믿는 모든 이들이
모두 하나 되기를 기도합니다.
몸이 하나요, 성령도 한 분이시며,
우리의 부르심의 소망도 하나요,
주도 한 분이시요, 믿음도 하나요,
세례도 하나요, 하나님 곧 만유의 아버지도 한 분이시니,
모든 그리스도인에게 한 마음과 한 길을 주소서.

(요 17:21; 엡 4:4-5; 렘 32:39)

주님의 말씀이 모든 곳으로
자유롭게 퍼져 나가 영광스럽게 되기를 원합니다.

주님, 당신의 영을 위에서부터
당신의 교회에 부어 주셔서
광야가 아름다운 밭이 되게 하시고
심판이 바르게 행해져
마음이 정직한 자가 다 따르게 하소서.
남은 일들이 정리되게 하시고
당신이 심지 않은 것은 다 뽑히게 하소서.
(살후 3:1; 사 32:15; 시 94:15; 딛 1:5; 마 15:13)

예수님을 증거하다가 갇힌 자들을
우리의 기도 속에서
우리가 함께 갇힌 것처럼 기억합니다.
또한 역경을 당한 자들을
우리도 그들과 함께 고통당한 것처럼 기억합니다.
높은 곳에서 손을 펴사
그들을 대적에게서 구원하시고
넓은 곳으로 인도하소서.
오, 당신의 고난당하는 성도들에게
인내와 믿음을 더하시어
그들이 주님의 구원을
바라고 잠잠히 기다리게 하소서.
(히 13:3; 시 18:16-19; 계 13:10; 애 3:26)

매튜 헨리(Matthew Henry)

성찬을 위한 기도

56. 위로의 강물

이 거룩한 의식에서 당신을 만날 준비를 할 때
내 영혼을 철저히 살펴보게 하소서.
   오, 내 영혼을 샅샅이 살펴서
   어떤 상처도 곪지 않게 하고
   다 찾아내어 치료받게 하소서!
나는 나 자신만으로는 부족하고
오 하나님, 나의 만족은 당신께 달려 있음을 알기에
오직 그리스도께 도움을 청하게 하소서.
그리스도는 나를 채워 주시려고
스스로를 비우셨기 때문입니다.

그분은 자신의 평판을 포기하시고
나의 아버지, 당신과 함께 나를 높이셨습니다.
   그분은 나를 위한 천국 입장권을 사시려고
   지옥의 진노를 당하셨습니다.
내 구원자의 피를 무한히 경외하게 하소서.
   이 피는 이 세상과 더 나은 세상 모두에서
   모든 위로를 내게로 흘려보내는 강물입니다.

떡을 떼고
포도주를 부으면서
    십자가에 못 박히신 그리스도를
    내 눈앞에서 보게 하소서.
그분을 못 박히시게 한
나의 부패함을 잊지 않게 하소서.
그와 더불어
    나의 부패함을 해결하기 위해 죽으심으로
    사랑의 불꽃이 죄악된 욕망의 불꽃을 몰아내게 하신
    내 구원자의 사랑도 생각하게 하소서.

이 천국 잔치에서
내 영혼이 믿음으로
주 예수 그리스도를 옷 입게 하소서.
그분의 복된 몸으로 잔치를 벌이고
그분의 보혈로 내 영혼을 씻고
    고통은 그분의 것이었으나 유익은 나의 것임을
    상처는 그분의 것이었으나 치료는 나의 것임을
    가시는 그분의 것이었으나 왕관은 나의 것임을
    값은 그분이 치르셨으나 산 것은 나임을
확신하게 하소서.
오, 그분을 내가 소유하고 주장하면
열매와 위안도 나의 것이 됩니다.

나의 하나님, 당신께 나의 감사를 올려 드립니다.
나의 가장 사랑하는 구원자시여,
   내 마음의 사랑을
      내 입술의 찬양을
         아름다운 삶을 당신께 올려 드립니다.
성찬을 통해
그리스도가 내게 자신의 몸과 피를 주십니다.
이제는 내가 그분께
내 몸과 영혼을 산 제물로 드립니다.

조지 스윈녹(George Swinnock)

57. 가장 위대한 맹세

당신이 나와 함께 먹고 내 안에 거하기를 기뻐하시니
나도 당신의 식탁으로 나아갑니다.

내 본성의 악함을 자발적으로 고백합니다.
    나는 이기적인 피조물로서
    내 영혼은 죄 아래 팔렸습니다.
    죄인으로서 죽은 육신을 입었습니다.
그러나 주님, 당신이 죄인들과
무거운 짐 진 자들을 부르시는 것을 보니
숨을 이유가 없습니다.

오 주님, 나는 병들었으니
내 영혼의 치유자이신 당신께 가는 것 외에
어디로 가겠습니까?
내게 많은 죄와 상처가 있지만
   당신은 은혜가 풍성하시고 솜씨가 뛰어나시니
    말 한마디로
      내 죄를 용서하시고
        내 상처를 치유하십니다.

내가 왜 당신의 선한 뜻을 의심하겠습니까?
        당신은 나를 구원하시려고
        주저하지 않고 당신 심장의 피를 전부 쏟으셨습니다.
또한 당신의 피로 나를 구원하겠다고
확실한 맹세를 하지 않으셨습니까?

오 주 하나님, 내가 누구이기에,
내게 어떤 장점이 있기에
당신이 그토록 큰 대가를 치르고 나를 사셨습니까?
        오 주님, 오직 당신의 자비로 인함입니다.
나는 당신의 모든 자비를 받을 자격이 전혀 없고
가장 위대한 자비가 담긴 가장 위대한 맹세인
이 거룩한 성찬에 참여할 자격은 더더욱 없습니다.

오, 내 주님이 친히 나를 방문하러 오신다니
이 얼마나 영광입니까!
그러나 당신은 풍성한 은혜 가운데
눈에 보이는 말씀과 눈에 보이는 이적으로
내 약함을 강하게 하시고
내게 당신의 자비를 보증하기를 기뻐하셨습니다.

주님, 당신의 말씀과 성례로
내 마음의 문을 두드리소서.
들어와 영원히 거기 거하소서.

내 마음을 온전히
　　당신의 거룩한 위엄 아래 자복하며
　　　지금부터는
　　　　당신이 내 안에서 사시고
　　　　　내 안에서 말씀하시고
　　　　　　내 안에서 행하시기를
　　　　　　　간구합니다.

그러니 당신의 영으로 나를 주관하사
당신이 받으시는 것이 아니라면
그 어떤 것도 나를 기쁘게 하지 못하게 하소서.
　　　　또한 이 은혜의 삶을 다하는 날,
　　　　　당신과 함께 영광의 나라에서 영원히 살게 하소서.

루이스 베일리(Lewis Bayly)

58. 성찬식 행하기

사람도 천사도 구해 낼 수 없었던
우리의 비참함의 크기와
하나님의 자비를 결코 받을 수 없는
우리의 무가치함을
겸손히 진실하게 인정하면서
오 하나님, 당신이 베푸신 모든 은혜로 인해 감사합니다.
무엇보다 가장 큰 선물인 우리의 구원,
   하나님 아버지의 사랑,
      우리를 구원받게 하시는 하나님의 아들,
         주 예수 그리스도의 고난과 공로로 인해 감사합니다.
또한 은혜를 베푸시는 수단인
말씀과 성례전들로 인해 감사합니다.
특히 이 성찬으로 인해 감사합니다.
이를 통해 그리스도와 그분이 주시는 모든 혜택이
우리에게 적용되고 봉인됩니다.

하늘 아래
예수 그리스도의 이름 외에
우리를 구원할 다른 이름이 없음을 선언합니다.

오직 그분의 이름으로만 우리가 자유와 생명을 얻고
은혜의 보좌에 나아갈 수 있으며
그분의 식탁에서 먹고 마시도록 허용되고
그분의 영의 도우심으로
행복과 영원한 생명을 확신하게 됩니다.

간절히 기도하오니,
모든 자비의 아버지시여, 모든 위로의 하나님이시여,
그분의 은혜로운 임재와
그분의 영이 우리 안에서 놀랍게 역사하심을 확신하게 하소서.
이 떡과 포도주를 정결하게 하사
당신이 제정하신 이 예식을 축복하소서.
  우리가 믿음으로
  우리를 위해 십자가에 못 박히신
  예수 그리스도의 몸과 피를 받습니다.
그분을 먹사오니
 그분이 우리와 하나 되게 하시고
  우리가 그분과 하나 되게 하소서.
그분이 우리 안에 살게 하시고
우리가 그분 안에, 그분을 위해 살게 하소서.
  그분은 우리를 사랑하셔서
  우리를 위해 자신을 주셨습니다.

웨스트민스터 총회(The Westminster Assembly)

59. 성찬을 받을 때

목회자가 떡을 받으라고 할 때, 그리스도가 친히 여러분에게 오셔서 그분의 죽음과 수난의 모든 공로와 함께 그분의 몸과 피를 여러분의 믿음에 더하시는 것을 기억하십시오.
목회자가 건네는 눈에 보이는 표지(떡)가 이 현세에서 여러분의 몸을 살찌우듯이, 그리스도의 몸은 영원한 삶에서 여러분의 영혼을 살찌웁니다.

목회자에게 떡을 받을 때, 여러분의 영혼을 깨워 믿음으로 그리스도를 바라보고 그분이 행하신 일이 여러분의 비참함을 치유하게 하십시오. 시므온이 아기 예수님을 안은 것처럼, 이 성례전을 통해 믿음으로 그리스도를 사랑으로 안으십시오.

떡을 먹을 때, 그리스도가 십자가에 달려 여러분의 죄를 위해 하나님의 정의를 온전히 만족시키시는 것을 마음에 그려 보십시오. 그러면서 그 영적 은혜에 참여하고자 애쓰십시오.
그리스도는 믿음으로 그분을 영적으로 받아들이는 모든 영혼에게 자신을 주시는데, 하늘에게 여러분에게 내려오심으로써가 아니라 여러분을 땅에서 그분께로 들어 올리심으로써 그렇게 하시기 때문입니다.

잔을 받을 때, 그리스도의 피가 새 언약의 보증임을 기억하십시오. 하나님은 그리스도가 흘리신 피의 공로를 믿는 회개하는 죄인들의 죄를 용서하겠다고 약속하셨습니다.

잔을 마실 때, 여러분이 포도주를 마신 것만큼이나 확실하게 십자가에서 흘리신 그리스도의 피의 공로로 여러분의 모든 죄가 확실히 용서받았음을 묵상하고 믿으십시오.
포도주가 여러분의 차가운 위를 따뜻하게 하는 것이 느껴질 때, 성령이 여러분의 영혼을 만지심을 느끼려고 애써 보십시오. 그리스도의 보혈의 공로로 여러분의 모든 죄가 용서받았음을 확신하십시오.

여러분의 몸속에서 소화되고 있는 떡과 포도주를 분리하는 것이 불가능하듯이 그리스도와 여러분의 영혼, 여러분의 영혼과 그리스도를 갈라놓는 것은 불가능합니다.

그런 다음 그리스도가 하나님의 우편에 계신 것을 생각하십시오. 그리스도가 자신의 죽음이 갖는 귀중한 공로를 아버지께 내놓으며 여러분을 위해 중재하십니다.

마지막으로 여러분은 하나의 떡을 나누어 먹은 것처럼 한 신비로운 몸, 즉 교회의 일원이며, 따라서 모든 그리스도인을 몸의 지체로서 여러분 자신과 같이 사랑해야 함을 기억하십시오.

루이스 베일리(Lewis Bayly)

60. 참된 양식

주의 만찬을 기념하면서

오, 우리가 축복하는 이 축복의 잔이
그리스도의 피에 참여하는 것이 되게 하소서.
우리가 떼는 이 떡이
그리스도의 몸에 참여하는 것이 되게 하소서.
주님의 죽으심을 그분이 오실 때까지 전하게 하소서.
영원한 언약으로 주님과 연합하여
그분과 한 영이 되게 하소서.
우리가 시작할 때에 확신한 것을 끝까지 견고히 잡아서
그리스도와 함께 참여한 자가 되게 하소서.
(고전 10:16; 11:26; 렘 50:5; 고전 6:17; 히 3:14)

그리스도의 살이 참된 양식이요
그분의 피가 참된 음료가 되게 하소서.
우리가 믿음으로 그분의 살을 먹고
그분의 피를 마시게 하셔서
그분이 우리 안에 거하시고 우리가 그분 안에 거하며
그분으로 말미암아 살게 하소서.

우리에게 죄 사함과
성령의 선물과
영생의 약속을 인쳐 주소서.
우리가 이 구원의 잔을 마시고
주님의 이름을 부르게 하소서.
(요 6:55-57; 행 2:38; 요일 2:25; 시 116:13)

주의 만찬에 참여한 후에

그리고 주님, 이제 우리가 받은 것을 굳게 잡아
아무도 우리의 면류관을 빼앗지 못하게 하소서.
우리의 바람과 생각 속에 그것을 늘 두어
우리 마음이 당신께 충실하게 하소서.
우리가 그리스도 예수를 주로 받았으니
그분 안에서 행하여
복음에 합당하게 생활하도록 은혜를 주소서.
우리 몸에 예수님의 죽음을 짊어지게 하셔서
예수님의 생명이 또한 우리 몸에 나타나게 하소서.
이는 우리에게 사는 것이 그리스도이기 때문입니다.
(계 3:11; 대상 29:18; 골 2:6; 빌 1:27; 고후 4:10; 빌 1:21)

매튜 헨리(Matthew Henry)

하나님 말씀을 위한 기도

61. 교회의 헌장

오 주님, 당신의 말씀은 생수의 샘,
　값비싼 보물이 가득한 깊은 광산,
　　온갖 음식이 차려진 식탁,
　　　아름다운 열매들이 열려 있는 정원입니다.

하나님 말씀은 모든 교회의 권리와 행동 강령이 담긴
　교회의 헌장입니다.
하나님 말씀에는 우리의 변화를 위한 경건한 교훈과
　우리의 위로를 위한 소중한 약속이 들어 있습니다.

고통받는 성도에게는
　그들 머리 위로 거센 파도가 칠 때
　당신의 말씀이
　그들의 머리를 물 위로 들어 올리게 하소서.

공격당하는 성도에게는
　당신의 말씀이 그들의 증거의 갑옷이 되어
　그들의 대적에게서 그들을 지키게 하소서.

거룩하지 않은 영혼에게는

    당신의 말씀이 그리스도가 약속하신 대로

    그들을 성결하게 하소서.

    "너희는 내가 일러 준 말로

    이미 깨끗하여졌으니"(요 15:3).

지옥에 들어갈 영혼에게는

    당신의 말씀이 그들을 구원하게 하소서.

    당신의 말씀만이 구원에 관해 지혜롭게 하기 때문입니다.

조지 스윈녹(George Swinnock)

62. 우리의 마음을 그리스도로 채우소서

주 하나님, 우리가 당신의 말씀을 읽을 때
형편없는 죄인들을 향한 당신의 사랑이 만들어 낸
시원한 그늘 아래에서 거니시는 그리스도를 보게 하셔서
   우리의 믿음이 되살아나고
   우리의 위로가 회복되게 하소서.

우리의 마음에 그리스도가 계시지 않으면
유혹에 빠지고 평안을 잃어버려
빈 맷돌이 갈리는 것처럼 요란하게 부딪힙니다.
그러니 당신의 말씀을 통해
  우리의 마음을 그리스도로 채우셔서
  유혹과 두려움에서 벗어나게 하소서.

당신의 말씀의 실타래가
  우리를 그 약속들로 이끌게 하소서.
또한 당신의 약속에 의지하여
  그 약속을 우리 것으로 삼고 그 능력과 힘을 발견하게 하소서.
우리가 하는 성경 연구에 생기를 불어넣으시고
  우리의 피 흘리는 상처에 포도주와 기름을 부어 주소서.

당신이 우리에게 평화와 위로를 말씀하시고
당신의 얼굴을 우리 영혼에 비추실 때
더 많이 베풀수록 더 많이 받게 됨을 알게 되오니
    우리가 받은 그 위로로
    다른 사람들을 위로하게 하소서.

윌리엄 브리지(William Bridge)

63. 소중한 약속들

"주의 법이 나의 즐거움이 되지 아니하였더면 내가 내 고난 중에 멸망하였으리이다"(시 119:92). 하나님 말씀의 소중한 약속들은 쓰러지기 일보 직전의 영혼을 소생시키는 음료와 같다. 하나님의 말씀은 좋은 것들로 가득하다.

죄책감에 시달리는가?

이런 약속이 있다. "자비롭고 은혜롭고 노하기를 더디 하고 인자와 진실이 많은 하나님이라"(출 34:6). 여기서 하나님은 가엾게 떨고 있는 죄인들이 용기를 내어 그분께로 나아오도록 황금 홀을 내미신다. 하나님은 벌주시기보다는 용서하려고 하신다. 우리 안에 있는 죄보다 그분 안에 있는 자비가 훨씬 크다. 자비는 그분의 본성이다. 벌은 본래 꿀을 주고, 공격받을 때만 침을 쏜다. 죄책감에 시달리는 죄인은 이렇게 말한다. "하지만 나는 자비를 받을 자격이 없습니다." 하지만 하나님은 은혜로우시다. 그분이 자비를 베푸시는 것은 우리가 자비를 받을 자격이 있어서가 아니라, 그분이 자비를 기뻐하시기 때문이다. "하지만 나랑은 상관없습니다. 아마 내 이름은 용서의 목록에 없을 겁니다." 자비의 은행 계좌는 소진되는 법이 없다. 하나님은 보물을 옆에 쌓아 두고 계시는데, 왜 자녀의 몫을 받기 위해 나아가지 않는가?

죄를 짓고 있는가?

선을 이루시겠다는 약속이 있다. "내가 그들의 반역을 고치고"(호 14:4). 그분은 그분의 영을 보내겠다고 약속하셨는데, 그 영의 정결하게 하는 힘은 그릇을 씻는 물과 같고 금속을 제련하는 불과 같다. 하나님의 영은 당신의 영혼이 신적 속성을 나눠 받아 정결하고 성별되게 하신다.

환난이 있는가?

우리 유익을 위해 일하시겠다는 약속이 있다. "그들이 환난 당할 때에 내가 그와 함께하여"(시 91:15). 하나님은 그분의 백성을 곤경에 빠뜨리지 않으시고 그들을 그곳에 버려두지도 않으신다. 하나님은 그들 옆에 계실 것이다. 그들이 쓰러지려고 할 때는 그 머리와 가슴을 붙드실 것이다. "그는 환난 때에 그들의 요새이시로다"(시 37:39). 사람들은 말한다. "시련이 오면 난 쓰러지고 말 거야." 하지만 하나님이 우리 마음을 강하게 하실 것이다. 그분은 우리의 일에 그분의 힘을 보태실 것이다. 우리에게 지우신 짐을 가볍게 해주시거나 우리 믿음을 더 강하게 해주실 것이다.

외적인 결핍이 두려운가?

한 가지 약속이 있다. "여호와를 찾는 자는 모든 좋은 것에 부족함이 없으리로다"(시 34:10). 우리에게 좋은 것이라면 분명 갖게 될 것이다. 우리에게 좋은 것이 아니라면, 갖지 않는 것이 좋다. 이 축복은 풀잎 위에 내리는 감로(甘露)와 같다. 그로 인해 우리가 소유한 보잘것없는 것이 달콤해진다. 하나님의 자녀라도 큰 환난에 처할 수 있지만 그들은 버려지지 않을 것이다. 그들은 여전히 천국의 상속자이며 하나님은 그들을 사랑하신다.

토머스 왓슨(Thomas Watson)

64. 이전과 도중과 이후

주 하나님, 성경은 당신이 친히 쓰셨고
당신의 마음을 담고 있기에
최고의 권위가 있으며
동방박사들을 인도한 별처럼 나를 예수님께로 인도하니
    성경이 담고 있는 그분의 모습과 그 새겨진 이름을 위해
    성경의 모든 부분을 최고로 소중히 여기게 하소서.
당신의 말씀 이전과 도중과 이후의 나의 행동이
    당신의 입으로 말씀하신 율법을
    내가 수천의 금은보다 더 귀하게 여김을 증거하게 하소서!

말씀을 읽거나 들으러 갈 때
    내 영혼을 정결하게 하시고
        내 마음에서 죄를 씻어 주시며
            겸손히 당신의 구원의 말씀을 받게 하소서.
내 힘으로는 당신의 말씀에서 유익을 얻을 수 없고
설교자가 그 말씀을 깨닫게 할 수도 없음을 압니다.
그래서 힘을 다해 나의 하나님 당신께 간구합니다.
    내 마음을 열어 그 말씀을 온 마음 다해 받아들이게 하시고
    설교자의 화살이 내 가장 심각한 죄들을 관통하게 하소서.

말씀의 무게가 내 마음 깊이 내려앉게 하셔서
그리스도가 하신 일을 통해
내 죄의 시냇물이 마르고 나의 길이 씻기길 원합니다.
　　세상의 소음이
　　당신의 음성을 듣는 것을 방해하지 못하게 하소서.

당신의 말씀으로 나아갈 때
　　두려움과 경외감으로 당신 앞에 나아가
　　주님께 하듯 당신의 말씀을 듣게 하소서.
또한 적용하지 않으면 그 말씀이 아무 유익이 없을 것이니
본 것을 그냥 덮어 버리지 않게 하소서.
다른 사람들을 신경 쓰지 말고
율법의 거울에 내 얼굴을 비춰 보게 하소서.
기도하오니, 복음이 내게 올 때
그저 말로만이 아니라 능력으로 오게 하소서.
　　　　주님을 봄으로
　　　　그분의 형상으로 변화되어
　　　　영광에서 영광에 이르게 하소서!

씨가 뿌려진 후에
　　하늘로부터 축복의 비를 내려 주셔서
　　그 씨에서 의의 열매가 나게 하소서.
　　　　그럼으로 당신께 영광 돌리게 하시고
　　　　내 영혼에 유익이 되게 하소서.

설교자가 말씀을 전할 때 돋아난
　　내 선한 의도의 꽃이
　　실천으로 무르익게 하소서.
또한 이 영적인 음식을 받고서
　　이 잔치를 벌인 주인께 감사하지 않고는
　　자리에서 일어서지 않게 하소서.

조지 스윈녹(George Swinnock)

65. 설교 전의 기도

주 하나님, 우리의 대제사장이신
　　주 예수님이 하신 일로 인해
　　온 교회에 주시는 당신의 자비와
　　우리 각 사람을 받아 주심을 확신합니다.
당신의 거룩한 규례들을 거룩히 지키며
　　당신과 교제하는 것이
　　우리 영혼의 간절한 소망임을 고백합니다.

그래서 그 목적을 위해 간절히 기도합니다.
은혜를 베푸시고 실제적인 도움을 주셔서
　　당신의 거룩한 안식일,
　　　주일을
　　　　공적이고 사적인 모든 의무를 통해
　　　　거룩하게 구별하게 하소서.
복음의 풍성함과 탁월함에 의지하여
　　우리 자신과 온 회중을 위해
　　　기도하오니,
　　　　이날을 기념하게 하시고 누리게 하소서.

주 하나님, 전에는 우리가
　당신의 말씀을 무익하게 듣던 자들이었으나
　이제는 마땅히 그래야 하듯
　　　하나님의 깊음, 예수 그리스도의 신비들을
　　　영적으로 깊이 분별하여 받겠습니다.

그러므로 오 주님, 가르침을 유익하게 하시고
　은혜의 수단들 위에
　은혜의 영을 부어 주시기를 기뻐하시며
　은혜가 넘치시는 당신께 기도합니다.
우리가 우리 주 그리스도 예수를 아는
　가장 고상한 지식과
　그분 안에서 우리의 화평에 관한 것을 아는
　가장 뛰어난 지식에 이르러
　그 앞에서는 모든 것을
　찌끼로 여길 수 있기를 기도합니다.
　　　영광의 첫 열매를 맛보았기에
　　　그분과의 더 풍성하고
　　　더 완벽한 하나 됨을 갈망하기를 기도합니다.

기도하오니,
　(이제 생명의 떡을 당신의 자녀들에게 나눠 주도록 부르신)
　당신의 종에게 특별히
　지혜와 충성과 열정과 웅변술을 주셔서

성령의 증거와 나타나심 속에서
아버지의 말씀을
우리 각 사람에게 바르게 나눠 주게 하소서.

기도하오니,
우리의 귀와 마음에 할례를 행하셔서
겸손히 그 말씀을 듣고 사랑하고 받아들이게 하소서.
우리를 옥토가 되게 하사
말씀의 좋은 씨앗이 심기게 하시고
사탄의 유혹과
세상의 관심사와
우리 자신의 굳은 마음과
무엇이든 유익한 것을 듣지 못하게 만드는 것들과
맞서도록 우리에게 힘을 주소서.

기도하오니,
그리스도의 형상이 우리 안에 새겨지고 우리 안에 머물러
우리의 모든 생각이 그분께 사로잡혀 오게 하시고
우리 마음이 모든 선한 일로 영원히 세워지게 하소서.

웨스트민스터 총회(The Westminster Assembly)

잃어버린 자를 위한 기도

66. 뉘우치지 않는 자들을 위하여

전능하신 하나님,
당신에게는 모든 것이 가능합니다.
그래서 이 사랑하는 영혼을 대신해
겸손히 나 자신을 당신께 드립니다.
   이 사람은 자기 죄 가운데 죽어 가고 있고
   수천 수백만 명을 구원한 하나님의 능력인
   영원한 복음을 거부하고 있습니다.

오, 그들의 강퍅함과 완고함에도 불구하고
   당신은 여전히
      당신의 은혜를 주권적으로 행하셔서
         그들을 일깨워 돌이키게 하시기를 기뻐하십니다!
영혼을 지으신 당신은
신념의 검이 그 안으로 들어가게 하실 수 있습니다.
오, 당신은 그 무한한 지혜와 사랑 안에서
이 죄인을 죽음,
곧 영원한 죽음으로부터 구하고
중재할 방법을 찾으실 것입니다.

오 하나님, 그들은 죽어 가는 피조물임을
당신은 아십니다.
그들을 더 이상 바뀔 수 없는 상태로 봉인할
당신의 율례책에 기록된 순간을
당신은 아십니다.
    오, 그들이 아직
    살아 있는 자들의 편에 있을 때
    그들을 붙드소서!
    오, 그들이 아직
    당신의 거룩한 영이 다스리시는 영역 안에 있을 때
    그분이 일하시게 하소서.

오 하나님, 당신이 선택하시는 방법이 무엇이든
그 방법대로 일하소서.
단 그들에게 자비를 베푸사
  그들이 명백히 처하게 될 위험인
    깊은 저주와 멸망에
      가라앉지 않게 하소서.
오, 만일 필요하다면,
  그리고 당신이 보시기에 가장 유익하다면,
    그들을 어떤 재난과 고통 속으로라도
    데려가시기를 바랍니다.
오 주님, 당신의 무한한 지혜가
가장 좋다고 생각하는 방식으로

당신의 이름을 영화롭게 하시고
당신의 은혜를 영화롭게 하소서.
   당신 뜻에 온전히 자복하며
      기도하오니,
         이 죄인이 구원받을 수 있게 다만 허락하소서.

우리를 사랑하셔서
자신의 피로 우리를 죄에서 씻어 주셨고
우리를 하나님 앞에
왕과 제사장이 되게 하신 그분께,
그분께 영원히 영광과 다스림이 있게 하소서.

필립 도드리지(Philip Doddridge)

67. 믿지 않는 자녀들을 위하여

영들의 아버지시여, 우리 자녀를 위해 기도합니다.
당신의 은혜와 선함을 드러내시고
　　죄를 씻기 위해 열린 샘에서 그들을 씻으소서.
그들이 첫 아담의 형상을 닮은 것처럼
　　두 번째 아담의 형상도 닮게 하소서.
당신의 은혜가 그들의 아름다움이 되게 하시고
　　영원한 영광의 무게가 그들의 몫이 되게 하소서.
그들로 당신의 목소리를 들으며 살게 하소서.

사랑하는 구세주여, 당신은 말씀하셨습니다.

　"어린아이들을 용납하고
　내게 오는 것을 금하지 말라"(마 19:14).

이제 그들을 주님께 데려가오니 그들을 거절하지 마소서.
떨리는 연약한 믿음의 팔로
　　그들을 당신께 내어 드립니다.
오, 당신의 손을 그들에게 얹어 축복하소서.

복되신 예수님, 당신은 그들의 부패한 본성과
　그들의 회개하기 어려운 것과
　그들이 마땅히 받아야 할 무한한 진노를 아십니다.
그들에게 당신의 긍휼을 베푸시고
　성령이 동행하시며 그들을 가르치셔서
　그들 안에서 당신의 영혼이 수고한 것을 보시고
　당신의 마음이 흡족하게 되길 원합니다.

또한 내 뒤에 오는 이들을 위해
　내가 먼저
　당신의 훈계의 길을 걸을 수 있기를 기도합니다.
　　　말과 행동에서 경건하게 하시고
　　　모든 관계와 의무에서 은혜롭게 하셔서
　　　내 행동을 통해 종교가 공정하게 입증되며
　　　내 자녀들이 편안하게 본을 따르게 하소서.

주님, 다른 사람들은 거룩함의 길을 막아 버리지만
　나는 불기둥처럼 가족 앞에 서서
　　약속의 땅으로 그들을 이끌어 가고
　　　참 빛으로 빛나서
　　　　그들을 영원한 생명의 길로 인도하게 하소서.
우리 아이들의 부모로서
　나 자신이 하나님의 자녀로 행하기를 기도합니다.

주님, 내 아들은 당신의 아들이고
  내 딸은 당신의 딸입니다.
    자녀들이 어릴 때
    그들을 위한 나의 수고를
    당신의 능력으로 축복하셔서
    당신이 그들을 위해 저 세상에서 계획하신
    그 고귀한 일을 그들이 잘 감당하도록
    준비되게 하소서.

또한 당신이 그들을 본향으로 부르실 때
  당신의 거룩한 천사들이 그들을 당신 곁으로 옮기게 하소서.
그곳에서 당신이 나에게 주신 아이들과 내가
  영원히 당신과 함께 사랑하고 살아가며 즐거워할 것입니다.

조지 스윈녹(George Swinnock)

68. 말을 위하여

오 주님, 이 일을 하기에 내가 얼마나 부족한지요.
무엇으로 리워야단의 비늘을 뚫고
   무엇으로 맷돌처럼 단단한 가슴이 느끼게 할까요?
내가 무덤에 가서 말하여
   죽은 자가 순종하고 나오기를 기대하겠습니까?
내가 산을 향하여 설교하면
   그들이 설득되어 움직이겠습니까?
내가 눈먼 자를 보게 하겠습니까?

하지만 오 주님, 당신은 죄인의 심장을
   찔러 쪼갤 수 있습니다.
나는 그저 때맞춰 활을 당길 뿐,
   당신이 정확히 관절 사이에 그 화살을 꽂으십니다.
죄는 죽이시고,
   내가 그리스도에 대해 말할 때
     그 말을 듣는 죄인의 영혼은 살리소서.

오, 이 사람들이 당신 앞에서 살게 하소서!
주님, 그들을 구하소서. 그렇지 않으면 그들은 멸망할 것입니다.

주님, 자비를 베푸시고 그들을 구원하소서.
당신의 신적 능력이라면 그렇게 하실 수 있습니다.
그들의 마음에 빛을 비추시어
    그들의 양심이 확신을 얻어 깨어나게 하소서.

전능하신 여호와여,
당신이 일하시면 아무도 방해할 수 없습니다.
당신은 죽음과 지옥의 열쇠를 갖고 계십니다.
여기 무덤에 누운 죽은 영혼들을 불쌍히 여기시고
    돌문을 굴려 주소서.
        죽은 나사로에게 "나오라." 말씀하셨듯이
        말씀하소서.

오, 감히 다가갈 수 없는 빛이시여,
이 어둠을 밝히소서.
높은 곳에서 밝아 오는 새벽빛으로
    내가 말하는 죽은 자들의 어두운 곳에
    찾아오시어 비추소서.
당신은 죽음이 닫아 놓은
    눈을 뜨게 할 수 있습니다.
귀를 만드신 분이 당신이오니
    다시 듣게 하실 수 있습니다.
그들의 귀에 "에바다."라고 말하소서.
그러면 열릴 것입니다.

그들의 눈이 당신의 탁월함을 보게 하소서.
　당신의 달콤함을 맛볼 수 있는 미각과
　　당신의 향유의 향을 맡을 수 있는 후각과
　　　당신의 사랑이 특권임을 알아보는 감각을 주소서.
당신의 진노의 무게와
용서받을 수 없는 죄의 견딜 수 없는 무게에도
불구하고 말입니다.
　　　당신의 종에게
　　　마른 뼈들의 골짜기가
　　　크고 살아 있는 군대가 될 것을
　　　예언하게 하소서.
(사 27:1; 요 11:43; 막 7:34; 겔 37:1-14)

조셉 얼라인(Joseph Alleine)

69. 결혼을 위하여

아, 내게 하늘과 땅만큼 큰 종이와
　바다와 땅의 모든 강물만큼 많은 잉크가 있다면,
　우리가 사랑하는 가장 사랑스럽고 아름다운 분의
　그 사랑과
　　그 가치와
　　　그 탁월함과
　　　　그 달콤함과
　　　　　마땅히 받아야 할 그 찬사를 다 적을 수 있을 텐데!
아, 그러면 이 말을 듣는 모든 사람이 알 수 있을 텐데!

어린 신부와 신랑의 결혼을 주재하는
　이 사역보다
　더 귀한 것이 있을까?
아, 잃어버린 영혼들을 구원하시는
　내 주님을 얻은
　나는 얼마나 풍요한가!
아, 그들이
　그리스도의 그물에 걸리게 할 수 있다면
　얼마나 큰 소득이겠는가!

그러면 새벽부터 밤늦게까지 말하느라
    가슴과 허리가 아프고 온몸이 쑤시는
    내 모든 수고가 가치 있을 텐데!
그들의 천국은
    내게는 두 개의 천국이 되고
그들의 구원은
    내게는 두 개의 구원이 될 것입니다.
그들이 당신의 집에서 거할 처소를 확실히 얻을 수 있다면
    내 천국은 수백 년이 연기된다 해도 좋습니다.

기도하오니, 내 말을 듣는 이들과 그리스도 사이에서
    온전한 결혼 언약을 이끌어 내게 하소서.
신랑이 주는 선물을 가지고 갑니다.
신랑이 써 준 사랑의 편지와 함께
    팔찌와 보석, 반지들을 가지고 갑니다.
그들이 준비해야 할 합당한 지참금이 얼마인지
    그들이 거할 집은 어떠해야 하는지
    바르게 분별하게 하소서.
신랑의 탁월함과
    그의 사랑스러움과
      그의 힘과
        그의 능력과
          그의 왕국의 영원함과 영광과
            그의 사랑의 엄청난 깊이와

그가 고통을 당하고
불과 수치와 죽음과 무덤을 통과하며
아내를 찾았다는 것과
그가 신부를 위해 율법의 저주를 받으며
염해를 헤엄쳐 왔다는 것을
말해주겠습니다.

사랑하는 아버지, 그들이 결혼 서약에 동의하고
말하게 하소서
"그럴지라도, 그를 맞이합니다."

새뮤얼 러더퍼드(Samuel Rutherford)

70. 나라들을 위하여

주님, 우리가 배운 대로, 모든 사람을 위해 기도합니다.
　이것이 당신 앞에서 선하고 받으실 만한 것임을 믿습니다.
당신은 모든 사람이 구원받으며 진리를 알고
　모든 사람을 위하여 자기를 대속물로 주신
　예수 그리스도를 아는 데 이르기를 원하시기 때문입니다.
오, 악의 지배를 받는 세상을 긍휼히 여기시고
　사람들의 마음을 미혹한
　이 세상의 임금들이 쫓겨나게 하소서.
오, 당신의 도를 온 땅에 알리셔서
　세상에서 당신을 모른 채 살아가던 사람들이
　당신을 섬길 수 있게 해주시고
　그래서 당신의 구원을 모든 나라가 알게 해주소서.
오 하나님, 민족들이 당신을 찬양하게 하소서.
모든 민족이 당신을 찬양하게 하소서.
오, 나라들이 즐거워하며 기뻐 노래하게 하소서.
당신이 민족들을 의롭게 심판하실 것이고
　땅 위의 나라들을 다스리실 것이기 때문입니다.
당신의 아들에게 나라들을 유업으로 주시고
　땅의 가장 먼 곳들도 그분의 소유로 주소서.

이 세상의 모든 왕국이

    주님과 그리스도의 나라가 되게 하소서.

(딤전 2:1-6; 요일 5:19; 요 12:31; 고후 4:4; 시 67:2-4; 2:8; 계 11:15)

오, 복음이 만민에게 전파되게 하소서.
또한 일꾼들을 보내 주소서.
그들이 듣지 못했는데 어떻게 믿으며

    전파하는 자가 없는데 어떻게 듣겠습니까?
당신의 교회에 날마다 구원받는 사람을 더하소서.
그 장막터를 넓히시고

    그 줄을 길게 하며 그 말뚝을 견고히 하소서.
당신의 아들들을 먼 곳에서 이끌며

    당신의 딸들을 땅끝에서 오게 하소서.
그들로 구름같이

    비둘기들이 그들의 보금자리로 날아가는 것같이

    날아오게 하소서.
해 뜨는 곳에서부터 해 지는 곳까지

    당신의 이름이 이방 민족 중에서 크게 되게 하소서.
물이 바다를 덮음같이

    여호와를 아는 지식이 세상에 충만하게 하소서.

(막 16:15; 마 9:38; 롬 10:14-15; 행 2:47;
사 54:2; 43:5-6; 60:7-8; 말 1:11; 사 11:9)

매튜 헨리(Matthew Henry)

아침과 저녁에 드리는 기도

71. 아침 기도

오 주님, 당신이 우리를 선택하셨고,
  창조하셨고,
    구원하셨고,
     부르셨고,
      의롭게 하신 것에 진심으로 감사합니다.
이 유한한 생명이 다할 때
  당신의 하늘나라에서
  우리를 영화롭게 하시리라는 확신을 주시니 감사합니다.
우리에게 생명과 건강과 부와
  자유와 번영과 평화를 주시니 감사합니다.
오 주님, 특히 우리 가운데
  당신의 거룩한 복음이 계속되게 하시니 감사합니다.

지난밤 우리에게 닥칠 수 있었던 모든 위험에서
  우리를 지켜 주셨으니 당신을 찬양합니다.
밤에도 우리를 안전하게 지키셨으니
  낮에도 인도하시고 보호하여 주시길 기도합니다.
오 주님, 사탄의 유혹에서 우리를 지켜 주시고
  당신의 거룩한 천사들이

우리가 행하는 모든 길에서
  우리를 보호하고 인도하게 하소서.
이를 위해 우리는 우리 자신과
  우리에게 속한 모든 사람을
  당신의 손과 전능하신 가르침에 맡깁니다.
주님, 우리를 모든 악에서 건지시고
  모든 은혜를 풍족히 받게 하시며
  당신의 선함으로 우리를 채워 주소서.

오늘 우리를 어떠한 중한 죄에도 빠지지 않게 지켜 주소서.
특히 우리의 본성이 빠지기 쉬운 죄로부터 건져 주소서.
우리의 입술에 파수꾼을 세우셔서
  경솔하거나 거짓된 맹세로
  혹은 어떤 외설적인 말이나 속이는 말로
  당신의 위엄을 가리지 않게 하소서.
인내하는 마음과
  정결한 심령과
    당신이 우리에게 필요하다고 생각하시는
    성령의 모든 은사들을 주셔서
      우리가 거룩함과 의로
        당신을 더욱 잘 섬길 수 있게 하소서.

당신의 축복이 없는 인간의 모든 수고는 헛되기에
  우리를 부르신 곳에서 각 사람을 축복하소서.

우리의 손의 수고를 주관하셔서
　　우리가 하는 일이 잘 되게 하소서.
당신이 은혜로 우리를 인도하지 않으시면
　　우리의 노력으로는 아무것도 이룰 수 없습니다.
오 아버지, 당신이 우리에게 필요하다고
　　생각하시는 것들을 우리에게 주소서.
우리가 이 짧은 인생의 순례길을 통과할 때
　　일시적인 것들에 마음이 매이지 않게 하소서.
우리의 진정한 본향인
　　당신의 영원한 나라를 사랑함으로
　　우리 영혼이 날마다 더욱 풍성해지게 하소서.

루이스 베일리(Lewis Bayly)

72. 오는 그날을 위하여

영원하신 주여, 당신은 존재와 행복의 위대한 원천이십니다.
당신으로부터 내 존재가 비롯되었듯이
    당신으로부터 내 행복이 막힘없이 흘러나옵니다.
당신께 가까이 가면 갈수록
    그 행복은 얼마나 더 달콤한지요.

"진실로 생명의 원천이 주께 있사오니
    주의 빛 안에서 우리가 빛을 보리이다"(시 36:9).

내 깨어 있는 생각이 당신을 향하게 하소서.
오 하나님, 내 첫 행동이
    매일 아침 새 생명을 주시는 당신께 성별되게 하소서.
자녀로서 갖는 존경심과 자유와 사랑으로
    내 마음을 당신 앞에 온전히 쏟아 내게 하소서.
당신의 말씀을 집중하여 즐거이 읽게 하시고
    내 영혼이 그 말씀에 따라 빚어지게 하소서.
말씀에서 큰 도전을 받게 하셔서
    당신의 사랑하는 아들 예수 그리스도를 통해
    다시 당신께 헌신하게 하소서.

그분에게서 내 영혼을 살아 있게 하시는
    당신의 영을 새롭게 공급받게 하소서.

또한 주님, 그날의 의무와 일들을 잘 감당하게 하소서.
당신이 내게 주신 소명을 감당할 때
    그리스도를 섬기는 자로서
      늘 당신과 동행하게 하시고
        게으르지 않고 열정을 다하게 하소서.
오 주님, 내가 하는 모든 수고가 당신께 영광이 되기를 원합니다.
그리고 내가 누리는 쉼도 당신께 영광이 되게 하소서.

당신이 베푸시는 자비에 주목하게 하시고
    감사로 그 모든 것에 향기와 즐거움을 더하게 하소서.
고난이 찾아올 때는, 이생에서는 그것들을 피할 수 없기에,
    그것들이 당신에게서 오는 것임을 기억하게 하소서.
기도하오니, 내 연약함을 알아
    내 마음을 당신께 향하고
    힘 주시기를 구하게 하소서.
다른 사람들과 있을 때는
    최대한 선을 주고받는 것을
    기뻐하게 하소서.
그리고 혼자 있을 때는
    당신의 임재를 즐거워하게 하소서.

하루를 끝내면서는 주님, 당신을 마땅히 두려워하게 하셔서
　　내 행동을 정직하게 돌아보게 하소서.
달콤한 고요 속에서 잠자리에 들 때는
　　온종일 당신을 위해 살았음을 느끼며
　　　나의 주 그리스도 예수 안에서
　　　　당신이 나를 받으셨음을
　　　　　기쁘게 확신하게 하소서.

필립 도드리지(Philip Doddridge)

73. 두 번째 아침 기도

오 주님, 아침에
　주님의 인자하심을 높이 찬양합니다.
당신은 우리의 요새이십니다.
오 주님, 당신의 긍휼로 인해
　우리가 진멸되지 않았습니다.
당신의 자비는 절대 실패하지 않습니다.
그것들이 아침마다 새로우니
　주님의 성실하심이 큽니다.
저녁에는 울음이 깃들일지라도
　아침에는 기쁨이 옵니다.
우리가 누워 자고 깨었으니
　오 주님, 당신이 우리를 붙드시기 때문입니다.
당신이 우리의 눈을 밝히셔서
　우리가 죽음의 잠을 자지 않았습니다.
졸지도 아니하시고 주무시지도 아니하시는
　당신이 우리를 지키시니
　우리는 안전했습니다.

(시 59:16; 애 3:22-23; 시 30:5; 3:5; 13:3; 121:4)

우리가 주님을 의뢰하오니
　아침에 우리에게 주님의 인자한 말씀을 듣게 하소서.
우리 영혼을 주님께 드리니
　우리가 가야 할 길을 알게 하소서.
당신은 우리의 하나님이시니
　우리를 가르쳐 주님의 뜻을 행하게 하소서.
당신의 영은 선하시니
　우리를 공평한 땅에 인도하소서.
주님, 우리로 모든 환난을 면하게 하시며
　우리 영혼을 지키소서.
주님, 우리의 출입을
　지금부터 영원까지 지키소서.
당신의 천사들을 명령하사
　모든 길에서 우리를 지키게 하소서.
또한 우리에게 은혜를 주사
　그날의 임무가 요구하는 대로
　오늘의 일을 행하게 하소서.

(시 143:8-10; 121:7-8; 91:11)

매튜 헨리(Matthew Henry)

74. 저녁 기도

오 주님, 당신이 오늘 하루 은혜로 풍성하게 베푸신
　　모든 축복과 유익들에 대해 가능한 모든 감사를
　　내 마음의 제단에서 당신께 올려 드립니다.
특히 이제 과거가 된 오늘 하루 동안
　　모든 위험과 악에서 내 몸과 영혼을 지켜 주시고
　　모든 필요한 좋은 것들을 주신 것에 감사합니다.
기도하오니, 이 밤의 쉼과 수면을 성결하게 하셔서
　　당신이 주시는 달콤한 복과 유익으로 누리게 하소서.
내 지친 몸이 잠을 통해 새 힘을 얻게 하시고
　　당신이 내게 명하신 모든 선한 일을 행하며
　　당신 앞에서 걸어가도록 더 나은 내가 되게 하소서.

오 주님, 당신은 졸지도 주무시지도 않으며
　　내가 자는 동안에도 당신의 거룩한 섭리 안에서
　　나를 지켜보시며 모든 위험에서 지키십니다.
사탄도 그 어떤 악한 대적도
　　내게 어떤 해나 악을 행할 힘을 갖지 못하게 하소서.
당신의 거룩한 천사들에게 명하여
　　그들이 내 주변에 천막을 치게 하소서.

당신의 이름은 믿는 자들에게 강한 성이 됩니다.
    그래서 나는 여기서 당신의 거룩한 보호에 나를 맡깁니다.

오 주님, 오늘 밤 잠잘 때 나를 부르시는 것이 당신의 뜻이라면
    그리스도를 위해 내게 자비를 베푸시어
    당신의 천국으로 내 영혼을 이끄소서.
오 주님, 내 삶에 더 많은 날을 더하는 것이 당신의 뜻이라면
    그날들이 더 좋은 날들이 되게 하소서.
세상의 헛된 것들을 사랑하지 않고
    하늘의 것들을 말하게 하소서.
당신이 시작하신 선한 일을 내 안에서 이루셔서
    당신의 이름을 영광되게 하시고 내 영혼을 구원하소서.

오 아버지, 우리 주 예수 그리스도의 재림을 서둘러 주소서.
내 마지막 날과 그날에 당신께 받게 될 평가를 늘 유념하게 하소서.
그날까지 그리스도를 잘 따라가게 하셔서
    내가 의인의 부활에 그리스도와 함께 참여하게 하소서.

이 은혜와 다른 모든 축복이
    오 아버지, 우리에게 필요한 것을 당신이 아시니
        당신의 아들 예수 그리스도의 이름으로
        당신께 받기를 겸손히 구하고 바랍니다.

루이스 베일리(Lewis Bayly)

75. 잠자리에서 하는 묵상

옷을 벗을 때, 지금 옷을 벗는 것처럼 이 세상에서 가진 모든 것을 다 벗어 버릴 날이 온다는 것을 기억하라. 말하자면 당신은 여기서 한동안 청지기로서 모든 것을 사용하는 것이다. 지혜롭고 신실하게 이 청지기 역할을 해야 한다.

침대를 보면서 당신의 무덤을 떠올리라. 당신의 무덤은 이제 그리스도의 침대. 그리스도가 무덤에 3일간 그 거룩한 몸을 누이셔서 그것을 정결하게 하셨다. 말하자면 그리스도가 부활의 아침까지 그분의 성도들이 몸을 눕혀 쉬고 잘 수 있도록 침대를 데우셨다. 그러므로 신실한 자들에게 죽음은 그저 달콤한 잠이고, 무덤은 그저 그리스도의 침대다. 그곳에서 그들의 몸은 기쁨의 부활의 아침이 올 때까지 평화롭게 쉬고 잔다.

침대보를 보며 당신을 덮을 흙을 떠올리라. 당신의 잠, 당신의 죽음, 당신의 깨어남, 당신의 부활을 떠올리라. 잠이 오는 것을 느낄 때 이렇게 말하라.

> "내가 평안히 눕고 자기도 하리니 나를 안전히 살게 하시는 이는 오직 여호와이시니이다"(시 4:8).

마치 자물쇠와 열쇠로 여닫는 것처럼, 하나님의 말씀과 기도로 당신의 마음을 아침마다 열고 저녁마다 닫아라. 그렇게 하나님을 경배하며 하루를 시작하고, 그분을 두려워하며 하루를 살아 내고, 그분의 호의 속에서 하루를 끝맺으면, 당신이 온종일 수고하고 애쓴 일들 위에 하나님의 축복이 임한 것을 확신할 수 있을 것이다. 또한 밤에는 하늘 아버지의 섭리의 손길 안에서 당신이 안전하고 달콤하게 잘 수 있다는 것을 확신할 수 있을 것이다.

루이스 베일리(Lewis Bayly)

매일 드리는 기도

76. 아침부터 저녁까지

만세반석이시며 영존하시는 아버지,
내 남은 날을 계수하게 가르치사
   날마다 주님을 경외하며 살게 하소서.
매일이 마지막 날인 것처럼
   최선을 다하게 하소서.
하늘의 일을 처리하기 전에는
   땅의 일을 시작하지 않게 하소서.
어떤 것도 내 영혼의 거룩함을 소멸하지 못하게 하시고
   당신의 말씀이 나를 제한하며 당신의 영이 나를 인도하소서.
내 입술에 파수꾼을 세우시고
   내 마음을 주관하소서.

내 인생은 바람에 날려 가는 거품 같고
   낮은 밤에게 쉽게 추월당합니다.
그러니 시간의 등 뒤에 영원이 타고 있음을 알아
   시간을 소중히 여기고 신중하게 사용하며
     충실하게 개선하여 영원이 내 친구가 되게 하소서.
매일 시간의 계좌를 잘 관리하여
   위대한 마지막 결산의 날에 늘 준비되어 있게 하소서.

근본이시며 죽은 자들 가운데서 먼저 나신
　　그리스도와 함께 하루하루를 끝맺게 하소서.
잠은 죽음의 그림자임을 알아
　　잠자리에 들 때마다
　　　　무덤에 들어가는 것처럼 여기게 하소서.
그날의 모든 은혜를 감사로 올려 드리게 하소서.
사명을 감당하며 얻은 모든 유익과
　　음식을 먹으며 얻은 힘과
　　　　친구에게서 얻은 위로와
　　　　　　오늘 누린 모든 평화와 자유와 보호가
　　　　　　다 주님이 주신 것이었습니다.
나는 매일 필요한 자비보다 더 많은 자비를 받고 있고
　　결코 다 갚을 수 없는 금액을 빚지고 있습니다.

주님, 인생을 살면서 하루도
　　생각하고 말하고 행동하는 가운데
　　　　당신의 율법을 어기지 않은 날이 없습니다.
내 죄가 많아 슬픔이 넘치지만
　　당신의 은혜는 더욱 넘칩니다.
당신께 받은 사랑을 다 되돌려 드릴 수 없지만
　　그 사랑의 원천이신 당신을 경외하고 축복합니다.
내 육신의 눈은 잠이 들어 감길지라도
　　내 영혼의 눈은 열려 당신을 찬양하게 하소서.
내 삶은 당신의 섭리입니다.

오, 당신의 법도대로 이끄셨습니다!
매일 힘을 다해 당신을 찬양하게 하시고
   매 순간 당신을 섬기게 하시고
     밤이 없고 늘 쉼이 있는 그곳에서
       어떤 방해도 없이 완벽하고 영원히
       당신을 경배하고 누리게 하소서.

조지 스윈녹(George Swinnock)

77. 노동자를 위한 기도

내게 주신 소명을
    기쁘게 인내로 감당하게 하소서.
눈가림만 하지 않고
    두려움과 떨림으로, 성실한 마음으로
    육신의 상관에게 복종할 수 있게 하소서.
그리스도의 종으로서
    마음을 다해 주님께 하듯
    그들의 뜻에 복종하게 하소서.

복음의 명성을 위해
    나의 행동을 거룩하고 신중하게 하소서.
내 부주의한 말들로 인해 다른 사람들이
    나를 부르신 그 고귀한 이름을
    욕되게 하지 않도록 해주소서.
주님, 나를 거룩한 빛으로 빛나게 하셔서
    다른 사람들이 내 선한 일들을 보고
    당신께 영광 돌리게 하시고
    누구도 내 잘못된 행동으로 인해
    진리의 길을 비방하지 않게 하소서.

내가 받을 영원한 상을 볼 줄 아는 눈을 주셔서
   내가 하는 일에 신실하고 성실하게 하소서.
내가 모시는 상관이 변덕스러운 사람일지라도
   그를 섬기면서 나는 내 창조주를 섬기겠습니다.
당신을 섬기는 노력은 헛되지 않을 것입니다.
당신이 내게 주신 상관이라 생각하며
   그를 섬기게 하소서.
        그들의 직책이 낮고
        그들의 행동이 경멸스러워도
        내 주 예수님을 섬기듯 높이게 하소서.

다른 사람들은 그들을 욕하고 저주해도
   나는 당신의 법 때문에 그들의 권위를 존중하게 하소서.
내 상관의 뜻이 당신의 뜻에 어긋나지 않는다면
   당신께 하듯, 당신을 위해, 그들에게 복종하는 것을
   일의 원칙으로 삼게 하소서.
내가 매도당하더라도 똑같이 보복하지 않게 하소서.
내 구세주를 닮게 하소서.
일하는 데 게으르지 않게 하시고
   모든 맡은 일에 성실하게 하소서.

주님, 당신의 본을 따라
   내가 받은 소명을 감당함에 열심을 품게 하소서.
내 상관의 재산과 관계들을 성실히 지키게 하소서.

특히 그들의 소중한 영혼을 섬기게 하소서.
주님, 당신을 위해 그들을 성실히 섬기게 하시고
    그들을 섬기면서 사실은 당신을 섬기게 하소서.
당신이 이렇게 말씀하실 것이기 때문입니다.

"잘하였도다 착하고 충성된 종아
네가 적은 일에 충성하였으매
내가 많은 것을 네게 맡기리니
네 주인의 즐거움에 참여할지어다"(마 25:23).

조지 스윈녹(George Swinnock)

78. 내가 가진 모든 것

오, 너그러우신 아버지,
모든 좋은 것의 주인이신 아버지시여,
당신이 주신 재능들로 인해 당신을 찬양합니다.
나 스스로는 그런 재능을 받을 자격이 없음을 인정합니다.
지금까지는 그 재능들을
   아무 목적 없이 사용했음을 고백합니다.

아아, 당신이 내게 주신 은사들,
   내 잠재력, 시간, 재능, 소유, 영향력으로
      당신이 기대하셨을 것들을 하지 못했습니다.
아아, 나의 게으름과 우매함으로
   더 풍성한 수확이 있어야 할 곳에
      황량한 황무지만 남았습니다.

내가 그에 합당한 값을 치르는 것이 마땅하지만
   주님, 당신은 내가 진 빚을 다 탕감해 주셨습니다.
오 주님, 이제 당신 앞에 나를 새롭게 드리니 받아 주소서.
내가 가진 모든 것으로 당신을 섬기겠습니다.

은혜의 하나님, 당신을 높입니다.
당신의 은혜 안에서
    내 영혼에 인간을 향한 사랑이 일어납니다.
당신이 내게 맡기신 모든 것을
    지혜롭고 충실하게 기쁨으로
        잘 나누겠습니다.

오, 자비가 풍성하신 아버지시여,
나의 손을 인도하소서.
내가 하는 세상의 일들을 번창하게 하셔서
    더 많이 구제하게 하소서.
그래서 당신이 나를 통해 축복한 사람들을
    천국에서 많이 만나게 하소서.

필립 도드리지(Philip Doddridge)

79. 결혼한 부부를 위하여

모든 관계의 주인이신 주님,
우리의 결혼이 주 그리스도와의 결혼에 걸맞게 하소서.
아브라함과 사라처럼 믿음의 조상이 되게 하소서.
이삭과 리브가처럼 뜨겁게 사랑하게 하소서.
사가랴와 엘리사벳처럼 우리의 걸음이 흠이 없게 하소서.
상대의 약점이 생각날 때마다
    더욱 서로에게 충실하게 하소서.
당신이 우리의 인도자가 되시고
    성경이 우리의 나침반이 되게 하소서.

머리 위로 폭풍이 몰아치는데 덮을 것이 없다면
    얼마나 슬프겠습니까.
마음이 착잡한데 따듯한 음료 한 잔이 없다면
    얼마나 슬프겠습니까.
집에 우환과 질병이 있는데
    모든 위로의 주이신 하나님이 집에서 멀리 떠나 계신다면
    얼마나 슬프겠습니까.
우리가 이 땅에서 어떤 돌밭을 걷든
    하늘에서 내려오는 위로의 빛을 비춰 주소서.

당신이 우리 사이를 묶으셨으니
    화나는 생각이나 싸움을 불러일으키는 행동으로
    그것을 풀어 버리지 않게 하소서.
서로에 대한 생각이 사랑으로 아름답게 하소서.
서로에 대한 말이 사랑으로 아름답게 하소서.
서로에 대한 행동이 사랑으로 아름답게 하소서.

우리의 구원자가 이 교훈을 주셨고 모범을 보여주셨습니다.
그분의 이름은 사랑이요, 그분의 본성은 사랑이며,
    그분의 성례들은 사랑의 보증입니다.
그분의 영은 사랑의 증거요,
    그분의 성경은 그분의 사랑의 편지입니다.
그분의 섭리는 사랑의 글자들로 적혀 있습니다.
그분의 규례들은 사랑의 연회장입니다.

오, 그러니 우리가 서로를 어떻게 사랑해야 하겠습니까!
사랑이 힘이 되어
    서로의 짐을 지게 하소서.
사랑이 덮개가 되어
    서로의 단점을 덮어 주게 하소서.
사랑이 불이 되어
    우리 사이의 반대들을 태우게 하소서.
하나님이 친히 하나 되게 하셨으니
    사랑 안에서 서로 친밀하게 하소서.

당신의 영이
　우리 마음에 이 천국의 불꽃을 피워
　　우리가 늘 사랑 안에서 당신께로 올라가게 하시고
　　당신을 위해
　　　꾸밈없고 변함없는 기쁨으로
　　　　서로에게 나아가게 하소서.

손익을 균등하게 나누는 사람들처럼
　서는 것도 넘어지는 것도 함께하게 하소서.
사치로 부를 낭비하지 않고
　상대의 필요를 살피게 하소서.
나 자신의 명성보다
　상대의 명성을 더 신경 쓰게 하소서.
하나님을 닮아서
　서로의 단점을 덮어 주고 용서하게 하소서.

서로의 유익을 위해 함께 애쓰고
　개인적인 어려움을 함께 감당할 수 있도록
　가정의 짐을 서로 나누어 지게 하소서.
인생 여행을 함께하는 동반자로서
　서로 격려하여
　　진정한 천국에서 쉬게 되는 날까지
　　　우리의 여정이 좀 더 즐겁게 하소서.

무엇보다 기도하오니,
　　최고의 성실함으로
　　　　서로의 영혼을 돌보게 하시고
　　　　　　함께 기도하고 금식하고 성경을 읽으며
　　　　　　　　성령과 보조를 맞추어 함께 걷게 하소서.
좋은 조언을 함께 받아들여
　　우리의 집이 하나님의 집이 되게 하소서.

주님, 우리가
　　태양과 달처럼 빛나는 남편과 아내가 되게 하시고
　　우리 아이들은 별처럼 빛나게 하셔서
　　　　　　우리의 집이
　　　　　　거룩의 빛이 영광스럽고 강력하게 빛나는
　　　　　　작은 천국이 되게 하소서.

조지 스윈녹(George Swinnock)

80. 식사 기도

오, 지극히 은혜로우시고 사랑이 넘치시는 하나님 아버지,
당신의 신적 섭리에 따라
    모든 살아 있는 피조물을 먹이시니
    이 음식을 정결하게 해주시길 기도합니다.
이 음식이 우리 몸을 건강하고 생명력 있게 하게 하소서.
또한 이 음식을 당신에게서 받았음을
    분명히 알고 감사할 수 있는 은혜를 주소서.
그래서 음식을 통해 주시는 힘과
    당신이 주시는 축복들 속에서
        오늘과 남은 모든 날 동안
            우리의 주이시며 구원자이신 예수 그리스도를 통해
                당신 앞에서 마음을 바르게 하여 걷게 하소서.

지극히 은혜로우시고 자비로우신 하나님 아버지,
이 음식이 우리에게 쓰임 받도록 정결하게 하소서.
이 음식이 영양분이 되어 우리를 건강하게 하고
    우리는 우리의 주이시며 유일한 구원자이신 그리스도를 통해
    이 모든 축복에 온전히 감사하게 하소서.

오, 영원하신 하나님,

당신 안에서 우리가 살고 움직이고 존재합니다.

당신의 종들에게 이 음식으로 복을 내리셔서

    그 힘으로 우리가 살게 하시고

        우리의 주이시며 유일한 구원자이신

            예수 그리스도를 통해

                당신을 찬양하고 영광 돌리게 하소서. 아멘.

오 주님,

당신이 베푸신 선한 유익들로

    우리에게 새 힘을 주시니

    당신의 거룩한 이름을 찬양합니다.

우리가 지은 모든 죄와 약점들을 용서하시고

    당신의 온 교회를 구하시며 보호하소서.

우리의 유일한 구원자이신 그리스도 안에서

    우리에게 건강과 평화와 진리를 허락하소서.

오, 하늘 아버지시여,

당신께 감사합니다.

이 유한한 생명을 위해 당신이 만드신 선한 창조물들로

    우리의 육체를 먹이시니 감사합니다.

이와 같이 우리의 영혼도

    영원한 생명을 위해 당신의 거룩한 말씀으로

    먹이시길 기도합니다.

오 주님,
당신의 보편 교회와
    정부와 정치 지도자들을 지켜 주소서.
우리의 유일한 구원자이신 그리스도 안에서
    당신의 은혜와 자비가
    우리에게 끊이지 않길 기도합니다.

루이스 베일리(Lewis Bayly)

기도자 전기

조셉 얼라인(Joseph Alleine, 1634-1668)

얼라인은 매우 힘이 넘치는 사람이었다. 그는 서머싯의 톤턴에서 목사로 사역하다가 1662년 비국교도 대추방 기간 동안 다른 많은 청교도들과 함께 영국 국교회에서 추방되었다. 얼라인은 체포되기 전까지 수개월 동안 매일 설교하며 의연하게 사역을 이어 나갔다. 심지어 감옥에서도 감방의 창살을 통해 설교를 계속했다. 그는 나중에 톤턴으로 돌아오지만, 얼마 후 건강이 악화되어 죽는다. 그가 쓴 전도 서적 『회개하지 않은 자에게 보내는 경고』(*An Alarm to the Unconverted*)에는 여러 개의 기도 예문이 들어 있는데, 그야말로 당대의 기독교 전도 교육 과정이라고 할 수 있다. 이 책은 『천국에의 초대』(*A Sure Guide to Heaven*)라는 제목으로도 알려져 있다.

아이작 앰브로즈(Isaac Ambrose, 1604-1664)

앰브로즈는 랭커셔에서 왕의 순회 설교자 중 한 사람으로 한동안 활동하다가, 대다수가 가톨릭교도인 지역에 종교 개혁 가르침을 전파하라는 임무를 맡게 되어 1640년 프레스턴의 교구 목사가 되었다. 앰브로즈는 청교도임에도 왕당파 지역에서 활동하였기 때문에 왕당파와 의회파 간에 일어났던 영국 내전 동안 아주 힘든 시간을 보냈다. 하지만 그는 살아남았다. 건강이 좋지 않았기 때문에 가스탱에서 매우 조용한 생활을 하다가 1662년 대추방 때 그곳을 떠났다. 그가 집필한 『예수님을 바라보라』(*Looking Unto Jesus*)는 내용이 풍부하면서도 따듯한 책으로, 내가 제일 좋아하는 책 중의 하나다.

리처드 백스터(Richard Baxter, 1615-1691)

백스터는 15세에 회심했는데, 리처드 십스(Richard Sibbes)의 『상한 갈대』(*The Bruised Reed*)를 읽은 것이 일조했다. 이 책은 그의 아버지가 행상인에게서 속요집과 함께 사 온 것이었다. 1641년 그는 키더민스터에서 목사가 되었다. 그곳에서 교구민을 정기적으로 방문하며 목양했던 것이 큰 열매를 거두었고, 영향력 있는 목회의 모델이 되었다. 그는 대추방 당시 키더민스터를 떠났으며, 그 후에도 설교했다는 이유로 계속해서 핍박을 받았다. 1663년 그의 나이의 거의 절반밖에 되지 않는 여인과 결혼하면서 약간의 소동을 일으켰지만, 누가 뭐래도 그 결혼은 거룩하고 열매가 있는 결혼이었다. 백스터는 대부분의 시간을 글을 쓰는 데 할애하여 다수의 작품을 남겼다. 『그리스도인 지침서』(*The Christian Directory*), 『성도의 영원한 안식』(*The Saints' Everlasting Rest*), 『참 목자상』(*The Reformed Pastor*) 등이 있다.

루이스 베일리(Lewis Bayly, 1575경-1631)

베일리는 잉글랜드에서 여러 목회직을 역임하다가 1616년 그의 고향 웨일스로 돌아가 뱅고어의 주교가 되었다. 베일리는 주교였음에도 불구하고 찰스 1세(Charles I)가 통치하던 시기에 반청교도주의자였던 대주교 윌리엄 로드(William Laud)에게 괴롭힘을 당했다. 그의 책 『청교도에게 배우는 경건』(*The Practice of Piety*)에는 모든 경우에 대비한 기도와 묵상이 들어 있다. 이 책은 17세기와 18세기에 존 번연(John Bunyan)의 『천로역정』(*The Pilgrim's Progress*) 다음으로 가장 널리 읽힌 책이다.

앤 브래드스트리트(Anne Bradstreet, 1612-1672)

브래드스트리트는 영국 노샘프턴의 부유한 청교도 가정에서 태어났지만 1630년에 남편과 함께 미국 뉴잉글랜드로 이민했다. 여기서 그녀는 시를 쓰기 시작했다. 미국에서 보낸 초기에는 어려움이 많았기 때문에 그녀의 시 중 다수가 슬픔과 상실을 노래하고 있다. 1650년 그녀는 시집을 출간한 첫 번째 미국인이 되었다. (비록 그녀는 자신이 영국인이라고 생각했지만 말이다.) 그녀의 첫 번째 책은 그녀의 동의 없이 출간되었다. 시동생이 그녀의 시들을 모아 런던으로 가져가서 출간한 것이다. 그녀와 그녀의 남편 사이먼 브래드스트리트(Simon Bradstreet)는 둘 다 정치적으로 적극적이었다. 사이먼 브래드스트리트는 나중에 매사추세츠주 주지사가 되었다.

윌리엄 브리지(William Bridge, 1600-1670)

브리지는 에식스와 노퍽에서 성공회 목사로 일하다가 청교도 신앙을 가지면서 네덜란드로 망명하게 되었고 그곳에서 독립교회를 섬겼다. 1641년 영국으로 돌아왔고 웨스트민스터 총회에서 독립교회를 대표했다. 1642년부터 1662년 대추방이 있기까지 야머스에 있는 교회를 섬겼다. 그의 가장 대표적인 저서는 영적 침체를 다룬 『좌절한 이들을 위한 격려』(*A Lifting Up for the Downcast*)이다.

토머스 브룩스(Thomas Brooks, 1608-1680)

브룩스는 의회파 함대의 군목으로서 수년을 바다에서 보냈다. 그는 영국 내전 이후 대추방이 있기까지 런던에서 목사로 섬겼다. 1665년 런던 대역병 때에는 자신의 성도들을 돌보기 위해 런던에 머물면서 비공식적으로 계속 목회했다. 그의 저서들은 가장 유명한 『사탄의 계략에 대항하는 귀중한 치료법』(*Precious Remedies against Satan's Devices*)을 포함하여 단순하면서도 따뜻한 내용으로 많은 인기를 끌었다.

존 번연(John Bunyan, 1628-1688)

레코드와 CD를 사용하던 시절, 음악가들은 앨범 맨 끝에 곡명을 밝히지 않은 히든 트랙을 첨가하곤 했다. 존 번연은 내 히든 트랙이다. 『천로역정』(*The Pilgrim's Progress*)의 저자로 유명한 번연은 정식 교육을 받지 못한 초라한 땜장이였으나 그의 설교는 웅변적이었고 사람들의 마음을 움직였다. 그는 그가 했던 설교 때문에 13년 넘게 공식적인 죄목도 없이 감옥 생활을 해야 했다. 이 기도 모음집에 그의 기도문이 왜 포함되지 않았는지 확실히 알 수는 없지만, 글로 쓴 기도문을 그가 별로 좋아하지 않았기 때문에 그런 것 같기도 하다. 청교도들의 글을 더 읽고 싶다면 그의 우의 소설 『천로역정』이 딱 좋은 책이 될 것이다.

토머스 케이스(Thomas Case, 1598-1682)

케이스는 노퍽에서 목회를 시작했다가 맨체스터로 자리를 옮겨가 사역했으며, 그곳에서 그의 설교는 많은 인기를 얻었다. 1641년 런던으로 이주한 이후에는 거의 20년 동안 런던 세인트마틴인더필즈 교회에서 설교자로 봉직했다. 케이스는 찰스 1세(Charles I)의 처형에 반대하는 편이었고 그 때문에 1651년 의회에 의해 5개월간 감옥에 갇혔는데, 그곳에서 그의 가장 유명한 책 『고통에 관하여』(*A Treatise of Afflictions*)를 썼다. 석방 이후 대추방이 있기 전까지 세인트자일스인더필즈 교회에서 섬겼다.

스티븐 차녹(Stephen Charnock, 1628-1680)

차녹은 옥스퍼드 대학교 뉴 칼리지의 교수였다. 1660년 군주제가 복원된 이후 일자리를 잃었다. 그 후 15년간 런던에서 의술을 베풀며 생계를 이어 가다가 비국교도 교회의 목사로 섬겼다.

데이비드 클라크슨(David Clarkson, 1622-1686)

클라크슨은 요크셔에서 태어나 케임브리지 대학교에서 공부했고, 그곳에서 클레어 홀의 일원으로 5년을 보냈다. 그 후 켄트와 서리에서 목회했다. 대추방 이후에는 드러나지 않게 목회하며 지냈다. 1672년 관용령이 내려지고 비국교도들에게 어느 정도 자유가 생기면서 서리에서 목사가 되었고, 그 후 런던에서 존 오웬(John Owen)과 함께 목회했다.

필립 도드리지(Philip Doddridge, 1702-1751)

청교도 시대는 일반적으로 17세기 말 무렵에 끝났다고 말하는데, 도드리지는 바로 그때 즈음 태어났다. 하지만 그의 할아버지는 대추방 때 일자리를 잃은 청교도 목회자였고, 그는 청교도 전통의 영향을 많이 받으며 자랐다. 그는 노샘프턴의 비국교도 목회자가 되라는 꽤 유리하고 괜찮은 제안들을 거절하고 지역 비국교도 학교를 이끌었는데, 이곳은 비국교도 목회자들을 양성하는 곳이었다. 그의 가장 유명한 저서 『영혼에서의 종교의 부상과 발전』(The Rise and Progress of Religion in the Soul)은 매우 영향력 있는 책이다.

존 플라벨(John Flavel, 1628-1691)

플라벨은 그의 사역 대부분을 데번에 있는 다트머스에서 수행했다. 비국교도 대추방 때 일자리를 잃었지만 비밀 집회를 통해 자신의 성도들을 계속해서 섬겼다. 그들은 때로는 숲에서 만나기도 했으며, 때로는 감시를 피하려고 플라벨이 여장을 하기도 했다. 나중에는 그의 설교를 들으려고 수많은 사람들이 그의 집으로 몰려왔다. 1687년 비국교도들이 신앙의 자유를 좀 더 얻게 되면서 플라벨의 성도들은 큰 예배당을 지을 수 있었다. 플라벨은 죽기 전까지 4년간 축복된 시간을 보냈다. 그가 남긴 유명한 저서로는 『생명의 원천』(A Fountain of Life), 『마음 지키기』(Keeping the Heart), 『섭리의 신비』(The Mystery of Providence) 등이 있다.

윌리엄 거널(William Gurnall, 1616-1679)

거널은 35년간 서퍽의 라벤햄에서 목사로 섬겼다. 그는 다른 많은 청교도들과 달리, 1662년에 반포된 통일령을 따랐고, 그래서 비국교도 대추방 당시 일자리를 잃지 않았다. 그의 대표 저서는 에베소서 6장 10절에서 20절을 강해한 세 권의 주해서 『전신갑주를 입은 그리스도인』(*The Christian in Complete Armour*)이다.

윌리엄 거스리(William Guthrie, 1620-1665)

거스리는 스코틀랜드의 부동산을 상속받았지만 한 형제에게 다 넘기고 기독교 사역에 집중했다. 1644년 그는 스코틀랜드 이스트에어셔의 펜윅에서 그 지역 백작의 반대에도 불구하고 새 교구 첫 번째 목사가 되었다. 그가 20년간 목회하는 동안 교회는 부흥했다. 군주제가 복원된 이후 유력한 지인들의 도움을 받아 목사로서의 직책을 몇 년 더 연장할 수 있었지만 결국에는 추방되고 말았다. 그의 마지막 설교를 들으면서 청중들은 눈물을 흘렸다. 확신에 대해 저술한 책 『그리스도인의 큰 관심사』(*The Christian's Great Interest*)가 1657년 출간되었다.

매튜 헨리(Matthew Henry, 1662-1714)

헨리는 노스웨스트 웨일스에서 태어났는데, 그의 아버지가 비국교도 대추방으로 목회직을 빼앗긴 지 두 달이 채 되지 않았을 때였다. 목회자가 될 수 있는 길이 거의 없었기 때문에 헨리는 변호사 교육을 받으면서 개인적으로 신학을 공부했다. 일 때문에 체스터에 가게 된 헨리는 그곳 개인 가정에서 설교하게 되었고, 그 후 비국교도 목회자로 안수받았다. 그의 교회는 빠른 속도로 성장하여 곧 250명의 성도가 모이게 되었다. 1700년 예배당을 건축했고 성도가 계속 늘어나면서 6년 후에는 좌석을 더 추가해야 했다. 1712년 런던으로 옮겨 가 새롭게 목회를 시작했으나, 2년 만에 낙마 사고로 죽음을 맞이했다. 헨리는 성경 전체를 주석한 것으로 잘 알려져 있지만, 『기도 방법론』(*A Method for Prayer*)도 썼는데, 이는 여러 주제를 놓고 성경을 기반으로 기도할 수 있도록 성경 구절들을 모아 놓은 책이다.

토머스 라이(Thomas Lye, 1621-1684)

영국 내전 당시, 토머스 케이스(Thomas Case)는 주일 예배를 섬기는 것보다 군인들을 위한 기도 요청에 더 많은 힘을 써야 했다. 그래서 그는 특별 아침 예배를 시작했다. 내전 이후, 이 아침 예배는 여러 설교자들이 참여하면서 런던 크리플게이트에서 계속되었다. 이 설교들은 나중에 여섯 권의 책으로 출간되었다. 토머스 라이는 여기에 정기적으로 참여한 목사 중 한 명이었다. 1650년대에 라이는 그가 태어난 서머싯의 차드에서 목회자로 활동했다. 그리고 1658년 런던 롬바드가의 올핼로우즈 교회로 옮겨 가 사역했다. 라이는 대추방 때 일자리를 잃었지만 비국교도 모임에서 계속 설교했고, 어린이 사역으로 널리 알려졌다.

토머스 맨턴(Thomas Manton, 1620-1677)

맨턴은 서머싯에서 태어났지만 성인이 되어서는 거의 런던에서 살았다. 그는 찰스 1세(Charles I)의 처형에는 반대했으나 올리버 크롬웰(Oliver Cromwell)의 신념을 견지하면서 종교적인 일에서 적극적인 역할을 감당했다. 1656년 웨스트민스터 수도원의 설교자가 되었고 코번트 가든 세인트폴 교회의 목사가 되었다. 맨턴은 군주제의 복원을 지지했음에도 불구하고 대추방 당시 직위를 잃었다. 그는 자신의 집에서 설교를 계속했고, 참석하는 사람이 점점 많아지면서 1670년 체포되어 감옥에서 6개월을 보냈다. 맨턴의 저서는 대부분 설교집이다.

존 오웬(John Owen, 1616-1683)

오웬은 청교도 운동의 핵심 인물이었고 가장 위대한 영미권 신학자 중 한 명이었다. 오웬은 한때 포드햄에서, 그리고 그 후에는 에식스의 코게설에서 목회했지만, 워낙 능력이 출중하여 국가 차원의 일을 하게 되었다. 1652년 그는 옥스퍼드 대학교 부총장이 되었다. 크롬웰(Oliver Cromwell)이 죽으면서 그 자리에서 물러나 옥스퍼드셔로 은퇴했다. 그는 많은 일자리 제안을 거절했고, 1666년에 발생한 런던 대역병과 대화재 후에 런던으로 돌아와 작은 독립교회를 시작했다. 말년에는 질병으로 인해 설교를 할 수 없었지만, 집필은 계속했다. 오웬은 그의 11명의 자녀보다 더 오래 살았다. 그의 저서를 보려면 『그리스도의 영광』(*The Glory of Christ*), 『하나님과의 교제』(*Communion with God*), 성화에 관한 내용을 담은 『죄 죽이기』(*The Mortification of Sin*), 『유혹』(*Temptation*), 『영적 사고』(*Spiritual-Mindedness*) 등부터 시작하면 좋을 것이다.

새뮤얼 러더퍼드(Samuel Rutherford, 1600-1661)

러더퍼드는 대단히 명석한 학자로서, 23세의 나이에 에든버러 대학교 인문학 교수가 되었다. 하지만 2년 후 어린 여학생과의 부적절한 행동으로 교수직에서 물러나게 되었고, 곧이어 그 여인과 결혼했다. 이 사건으로 회심하게 된 것으로 보인다. 러더퍼드는 신학 공부를 시작했고 1627년 솔웨이만 앤워스의 교구 목회자로 임명되었다. 10년간 결실 있는 목회를 했지만 개인적으로는 질병과 우울감에 시달린 기간이었다. 러더퍼드의 정치 활동은 그를 곤경에 처하게 했다. 1636년 그는 목사직을 빼앗겼고 설교를 금지당했으며 애버딘으로 추방되었다. 그가 쓴 글 중 가장 잘 알려진 것이 바로 이 기간에 그의 성도들에게 쓴 여러 편의 편지들이다. 정치적 기류가 변화하면서 러더퍼드는 세인트앤드루스 대학교의 신학 교수가 되었고, 후에 그 학교의 총장이 되었다. 그는 그곳에서 20년을 일했지만, 그의 문제들은 끝나지 않았다. 군주제가 복원된 후, 1661년 러더퍼드는 반역죄로 기소되었다. 그리고 재판에 회부되기 전에 죽음을 맞이했다.

리처드 십스(Richard Sibbes, 1577-1635)

십스는 1610년 케임브리지의 홀리트리니티 교회 설교자로 임명되었다. 이 직책은 교회에 속하지 않고 기부금으로 후원을 받아 정기적으로 설교하는 자리였다. 뉴잉글랜드의 청교도 지도자 중 한 명인 존 코튼(John Cotton)이 그의 설교를 듣고 회심했다. 1617년 십스는 런던에 있는 그레이즈인 법학원의 설교자가 되었다. 케임브리지에서도, 런던에서도 십스의 설교를 들으려는 사람들이 많아져 좌석을 늘려야 했다. 1626년부터 십스는 런던에서 설교하는 일과 케임브리지 대학교 세인트캐서린 칼리지의 교수직을 겸임했다. 십스의 저서는 그의 설교와 마찬가지로 그리스도를 중심으로 한 헌신과 목회적 애정이 담겨 있는 것이 특징이다.

조지 스윈녹(George Swinnock, 1627경-1673)

스윈녹은 하트퍼드셔와 버킹엄셔에서 교구 목사로 일하다가 대추방 때 직책을 잃었다. 1672년 관용령이 내려져 고향인 켄트의 메이드스톤에서 교회를 세우게 될 때까지 개인의 집에서 설교를 계속했다. 스윈녹의 대표 저서인 『그리스도인의 부르심』(*The Christian's Man Calling*)은 복음을 매일의 삶에 적용한다. 각 장은 그가 '선한 소원'이라고 부르는 요약 기도로 끝난다.

토머스 왓슨(Thomas Watson, 1620경-1686)

왓슨은 요크셔에서 태어나 케임브리지 대학교에서 공부했고 런던 월브룩 세인트스티븐 교회에서 설교자이자 교구 목사로 섬겼다. 그는 찰스 1세(Charles I)의 처형에 반대했고, 군주제 복원 시도에 가담하면서 반역죄로 사형당할 위기를 가까스로 넘겼다. 대추방 때 직책을 잃었지만 비밀리에 계속해서 설교했다. 1672년 관용령이 내려진 이후 스티븐 차녹(Stephen Charnock)과 함께 비국교도 교회를 이끌었다. 왓슨이 집필한 다수의 저서들은 내용이 명료하고 박진감이 넘치는 것이 특징이다. 『신학의 체계』(*The Body of Divinity*), 『안심하라』(*All Things for Good*), 『경건을 열망하라』(*The Godly Man's Picture*) 등부터 읽으면 좋다.

웨스트민스터 총회(The Westminster Assembly, 1643-1648)

웨스트민스터 총회는 청교도 개인이 아니라 청교도 전체다! 이 총회는 영국 내전 기간에 의회가 영국 교회를 재구성하기 위해 소집한 회의다. 총회의 참석자들은 대부분 잉글랜드 청교도들이었지만 새뮤얼 러더퍼드(Samuel Rutherford)를 포함하여 소수의 스코틀랜드 사람들도 고문 자격으로 참여했다. 이 총회에서 웨스트민스터 신앙 고백, 대요리 문답, 소요리 문답, 예배 모범이 작성되었다. 1660년 군주제가 복원되면서 영국 국교회는 총회의 활동을 거부했다. 하지만 이 총회의 선언들은 1647년 스코틀랜드 교회에 의해 채택되었고, 장로교를 정의하는 문서로 남아 있다. 그 신앙 고백은 회중교회에 의해 채택되어 1658년 사보이 선언이 탄생했고, 개혁 침례교에 의해 채택되어 1689년 침례교 신앙 고백이 탄생했다.

윌리엄 휘태커(William Whitaker, 1629-1672)

휘태커는 에식스 혼처치에서 2년간 사역한 후, 1654년 그의 아버지의 사역을 이어받아 런던 버몬지의 교구 목사가 되었다. 대추방 때 직책을 잃었고, 그 후로 사적 모임을 이끌었다. 그의 설교 두 편이 토머스 케이스(Thomas Case)가 주도한 특별 아침 예배의 설교들을 모아 놓은 책에 수록되어 있다. 케임브리지 대학교 세인트존스 칼리지 학장을 지낸 초기 청교도 윌리엄 휘태커(William Whitaker, 1548-1595)와는 동명이인이다.

기도문 출처

1. John Owen, *Communion with God in Works*, Vol. 2 (Banner of Truth, 1966), 31-36.

2. Thomas Watson, *The Ten Commandments* (Banner of Truth, 1965), 12-17.

3. Thomas Lye, "Sermon 18: How Are We to Live by Faith on Divine Providence?" in *The Morning Exercises*, Vol. 1 (Thomas Tegg, 1844), 375-377.

4. David Clarkson, *Living by Faith in The Practical Works of David Clarkson*, Vol. 1 (James Nichol, 1864), 178-182.

5. Stephen Charnock, *A Discourse upon the Eternity of God* in *Works*, Vol. 1 (James Nichol, 1864), 346, 350, 347.

6. David Clarkson, *The Love of Christ in The Practical Works of David Clarkson*, Vol. 2 (James Nichol, 1865), 11.

7. Isaac Ambrose, *Looking into Jesus* (Sprinkle Publication, 1986), 221, 398-399.

8. David Clarkson, *The Love of Christ* in *The Practical Works of David Clarkson*, Vol. 2 (James Nichol, 1865), 12-14.

9. Samuel Rutherford, "Letter #40", *Letters of Samuel Rutherford: A Selection* (Banner of Truth, 1973), 115-117.

10. Isaac Ambrose, *Looking into Jesus* (Sprinkle Publication, 1986), 17, 23.

11. Richard Baxter, *A Christian Directory* in *The Practical Works of Richard Baxter*, Vol. 1 (Soli Deo Gloria Publications, 2000), 71.

12. John Owen, *Pneumatologia* in *Works*, Vol. 3 (Banner of Truth, 1966), 437-438.

13. John Owen, *Communion with God* in *Works*, Vol. 2 (Banner of Truth, 1966), 263, 266-267, 271.

14. Isaac Ambrose, *Looking into Jesus* (Sprinkle Publication, 1986), 397, 426.
15. Thomas Watson, *The Godly Man's Picture* (Banner of Truth, 1992), 69–72.
16. Philip Doddridge, *The Rise and Progress of Religion in the Soul* (William Collins, 1829), 517–522.
17. Anne Bradstreet, "Here Follow Several Occasional Meditations" in *The Works of Anne Bradstreet*, ed. John Harvard Ellis (Abram E. Cutter, 1867), 11.
18. Anne Bradstreet, "From Another Sore Fit" in *The Works of Anne Bradstreet*, ed. John Harvard Ellis (Abram E. Cutter, 1867), 13–14.
19. Joseph Alleine, *A Sure Guide to Heaven* (or *An Alarm to Unconverted Sinners*) (Charles Spear, 1816), 59–60.
20. Thomas Brooks, *An Ark for All God's Noahs* in *Works*, Vol. 2 (Banner of Truth, 1980), 21, 26–27.
21. Joseph Alleine, *A Sure Guide to Heaven* (or *An Alarm to Unconverted Sinners*) (Charles Spear, 1816), 189–196.
22. Lewis Bayly, *The Practice of Piety* (Soli Deo Gloria Publications, 2019), 108–111.
23. Lewis Bayly, *The Practice of Piety* (Soli Deo Gloria Publications, 2019), 145–147.
24. Philip Doddridge, *The Rise and Progress of Religion in the Soul* (William Collins, 1829), 466–471.
25. William Guthrie, *The Christian's Great Interest* (William Collins, 1828), 235–238.
26. Philip Doddridge, *The Rise and Progress of Religion in the Soul* (William Collins, 1829), 377–386.

27. Richard Baxter, *A Christian Directory* in *The Practical Works of Richard Baxter*, Vol. 1 (Soli Deo Gloria Publications, 2000), 75–76.
28. Thomas Watson, *The Ten Commandments* (Banner of Truth, 1965), 1–12.
29. Samuel Rutherford, "Letter #17", *Letters of Samuel Rutherford: A Selection* (Banner of Truth, 1973), 50–51.
30. Joseph Alleine, *A Sure Guide to Heaven* (or *An Alarm to Unconverted Sinners*) (Charles Spear, 1816), 177–182.
31. Thomas Brooks, *An Ark for All God's Noahs* in *Works*, Vol. 2 (Banner of Truth, 1980), 27–28.
32. Thomas Manton, *Sermons Upon Hebrews XI* in *Works*, Vol. 13 (James Nisbet, 1873), 336–337.
33. William Gurnall, *The Christian in Complete Armour* (Thomas Tegg, 1845), 16.
34. Thomas Brooks, *Precious Remedies Against Satan's Devices* in *Works*, Vol. 1 (Banner of Truth, 1980), 12–18.
35. Philip Doddridge, *The Rise and Progress of Religion in the Soul* (William Collins, 1829), 371–373.
36. Isaac Ambrose, *The Doctrine of Regeneration* in *Works of Isaac Ambrose* (Henry Fisher, undated), 65–66.
37. Richard Sibbes, *Discouragement's Recovery* in *Works*, Vol. 7 (James Nichol, 1844), 59–61.
38. Thomas Brooks, *The Unsearchable Riches of Christ* in *Works*, Vol. 3 (Banner of Truth, 1980), 24.
39. Thomas Case, *A Treatise on Afflictions* (W. Smith, 1802), 62–65.
40. George Swinnock, *The Fading of the Flesh* in *Works*, Vol. 4 (James Nichol, 1848), 40–41.

41. Thomas Brooks, *The Imputation of Christ's Righteousness* in *Works*, Vol. 5 (Banner of Truth, 1980), 238–239.

42. William Bridge, *A Lifting Up for the Downcast* (Banner of Truth, 1961), 270–272.

43. William Whitaker, "Sermon 25: How Are We Complete in Christ?" in *The Morning Exercises*, Vol. 1 (Thomas Tegg, 1844), 501–509.

44. Isaac Ambrose, *Looking into Jesus* (Sprinkle Publication, 1986), 598–600.

45. David Clarkson, *Living By Faith* in *The Practical Works of David Clarkson*, Vol. 1 (James Nichol, 1864), 182–185.

46. Lewis Bayly, *The Practice of Piety* (Soli Deo Gloria Publications, 2019), 266–267.

47. Philip Doddridge, *The Rise and Progress of Religion in the Soul* (William Collins, 1829), 560–566.

48. Anne Bradstreet, "Upon a Fit of Sickness, 1632" in *The Works of Anne Bradstreet*, ed. John Harvard Ellis (Abram E. Cutter, 1867), 237–238.

49. Lewis Bayly, *The Practice of Piety* (Soli Deo Gloria Publications, 2019), 303–305.

50. Matthew Henry, *A Method for Prayer with Scriptural Expressions* (Ogle, 1803), 155–156; Matthew Henry, A *Way to Prayer*, ed. O. Palmer Robertson (Banner of Truth, 2010).

51. Lewis Bayly, *The Practice of Piety* (Soli Deo Gloria Publications, 2019), 111–112.

52. Richard Baxter, *A Christian Directory* in *The Practical Works of Richard Baxter*, Vol. 1 (Soli Deo Gloria Publications, 2000), 50.

53. John Flavel, "The Character of an Evangelical Pastor Drawn from Christ" in *Works*, Vol. 6 (Banner of Truth, 1968), 565–573.

54. Lewis Bayly, *The Practice of Piety* (Soli Deo Gloria Publications, 2019), 193–195.
55. Matthew Henry, *A Method for Prayer with Scriptural Expressions* (Ogle, 1803), 119–123.
56. George Swinnock, *The Christian Man's Calling* in *Works*, Vol. 1 (James Nichol, 1848), 218–221.
57. Lewis Bayly, *The Practice of Piety* (Soli Deo Gloria Publications, 2019), 250–252.
58. The Westminster Assembly, *The Directory for the Public Worship of God* in *The Westminster Confession* (Banner of Truth, 2018), 568–569.
59. Lewis Bayly, *The Practice of Piety* (Soli Deo Gloria Publications, 2019), 252–255.
60. Matthew Henry, *A Method for Prayer with Scriptural Expressions* (Ogle, 1803), 147–148.
61. George Swinnock, *The Christian Man's Calling* in *Works*, Vol. 1 (James Nichol, 1848), 141.
62. William Bridge, *A Lifting Up for the Downcast* (Banner of Truth, 1961), 43–46.
63. Thomas Watson, *All Things for Good* (or *A Divine Cordial*) (Banner of Truth, 1986), 15–17.
64. George Swinnock, *The Christian Man's Calling* in *Works*, Vol. 1 (James Nichol, 1848), 170–171.
65. The Westminster Assembly, *The Directory for the Public Worship of God* in *The Westminster Confession* (Banner of Truth, 2018), 558–559.
66. Philip Doddridge, *The Rise and Progress of Religion in the Soul* (William Collins, 1829), 314–317.

67. George Swinnock, *The Christian Man's Calling* in *Works*, Vol. 1 (James Nichol, 1848), 434–437.

68. Joseph Alleine, *A Sure Guide to Heaven* (or *An Alarm to Unconverted Sinners*) (Charles Spear, 1816), 12, 97, 98, 120.

69. Samuel Rutherford, "Letter #40", *Letters of Samuel Rutherford: A Selection* (Banner of Truth, 1973), 111–112.

70. Matthew Henry, *A Method for Prayer with Scriptural Expressions* (Ogle, 1803), 116–118.

71. Lewis Bayly, *The Practice of Piety* (Soli Deo Gloria Publications, 2019), 147–148.

72. Philip Doddridge, *The Rise and Progress of Religion in the Soul* (William Collins, 1829), 426–429.

73. Matthew Henry, *A Method for Prayer with Scriptural Expressions* (Ogle, 1803), 139–140.

74. Lewis Bayly, *The Practice of Piety* (Soli Deo Gloria Publications, 2019), 138–139.

75. Lewis Bayly, *The Practice of Piety* (Soli Deo Gloria Publications, 2019), 141–142.

76. George Swinnock, *The Christian Man's Calling* in *Works*, Vol. 2 (James Nichol, 1848), 510–525.

77. George Swinnock, *The Christian Man's Calling* in *Works*, Vol. 2 (James Nichol, 1848), 42–45.

78. Philip Doddridge, *The Rise and Progress of Religion in the Soul* (William Collins, 1829), 535–537.

79. George Swinnock, *The Christian Man's Calling* in *Works*, Vol. 1 (James Nichol, 1848), 481–487.

80. Lewis Bayly, *The Practice of Piety* (Soli Deo Gloria Publications, 2019), 152–153.

사명선언문

너희가 흠이 없고 순전하여……세상에서 그들 가운데 빛들로
나타내며 생명의 말씀을 밝혀 _ 빌 2:15-16

1. 생명을 담겠습니다
만드는 책에 주님 주신 생명을 담겠습니다.
그 책으로 복음을 선포하겠습니다.

2. 말씀을 밝히겠습니다
생명의 근본은 말씀입니다.
말씀을 밝혀 성도와 교회의 성장을 돕겠습니다.

3. 빛이 되겠습니다
시대와 영혼의 어두움을 밝혀 주님 앞으로 이끄는
빛이 되는 책을 만들겠습니다.

4. 순전히 행하겠습니다
책을 만들고 전하는 일과 경영하는 일에 부끄러움이 없는
정직함으로 행하겠습니다.

5. 끝까지 전파하겠습니다
모든 사람에게, 땅 끝까지, 주님 오시는 그날까지
복음을 전하는 사명을 다하겠습니다.

서점 안내

광화문점 서울시 종로구 새문안로 69 구세군회관 1층
02)737-2288 / 02)737-4623(F)

강남점 서울시 서초구 신반포로 177 반포쇼핑타운 3동 2층
02)595-1211 / 02)595-3549(F)

구로점 서울시 동작구 시흥대로 602, 3층 302호
02)858-8744 / 02)838-0653(F)

노원점 서울시 노원구 동일로 1366 삼봉빌딩 지하 1층
02)938-7979 / 02)3391-6169(F)

일산점 경기도 고양시 일산서구 중앙로 1391 레이크타운 지하 1층
031)916-8787 / 031)916-8788(F)

의정부점 경기도 의정부시 청사로47번길 12 성산타워 3층
031)845-0600 / 031)852-6930(F)

인터넷서점 www.lifebook.co.kr